es 1041

edition suhrkamp

Neue Folge Band 41

›Ehekrieg‹ ist die häusliche Ilias, wie Dalton Trevisan sagt: Die Liebe wird zum Schlachtfeld, dieser Krieg kennt keinen Waffenstillstand. Immergleiche Personen, symbolisch João und Maria genannt, stecken in immergleichen Situationen. Diese archetypischen Situationen sucht Dalton Trevisan in immer neuen Kurzgeschichten zu erkunden, die mythologischen Charakter gewinnen. Die Frage, wann er endlich »seinen Roman« schreiben werde, beantwortet er mit dem Hinweis, sein Weg führe ihn zu immer kürzeren Formen. Sein Fortschritt kann sich demnach nur an der zunehmenden Perfektion des Stils bemessen, den man heute neben den von Machado de Assis und Guimaraes Rosa stellt. Der vorliegende Band bietet einen Querschnitt durch das Gesamtwerk des Autors, der die Auswahl mit zusammengestellt hat. Es ist die erste Buchpublikation dieses Autors in deutscher Sprache. Dalton Trevisan, 1925 in Curitiba, Brasilien, geboren, hat inzwischen 14 Bände mit Erzählungen publiziert.

Dalton Trevisan
Ehekrieg

Erzählungen

Aus dem brasilianischen Portugiesisch von Georg Rudolf Lind

Suhrkamp

edition suhrkamp 1041
Neue Folge Band 41

Deutsche Erstausgabe

Satz: Weihrauch, Würzburg
Druck: Nomos Verlagsgesellschaft Baden-Baden.
Umschlaggestaltung: Willy Fleckhaus.
Printed in Germany.

Inhalt

Penelope

In jener Straße wohnte ein altes Ehepaar. Die Frau erwartete ihren Mann auf der Veranda, in ihrem Schaukelstuhl strickend. Wenn er ans Portal gelangte, trat sie ihm entgegen, mit den gekreuzten Stricknadeln im Körbchen. Er durchquerte den kleinen Garten und auf der Türschwelle küßte er sie, bevor er eintrat, mit geschlossenen Augen.

Immer waren sie beieinander, werkelten im Hausgarten, er bei den Kohlköpfen, sie im Malvenbeet. Durch die Küchentür konnten die Nachbarn sehen, daß der Mann für seine Gefährtin das Geschirr abtrocknete. Samstags gingen sie spazieren, sie dick und blauäugig, er mager, ganz in Schwarz. Im Sommer trug die Frau ein altmodisches weißes Kleid; er blieb in Schwarz. Ihr Leben – ein Geheimnis; man munkelte von einem Jahre zurückliegenden Unglücksfall, von verstorbenen Kindern. Die Alten hatten Haus, Grab, Tier im Stich gelassen und waren nach Curitiba umgezogen.

Beide lebten ganz für sich, ohne Hund, Katze, Vögelchen. Manchmal, wenn ihr Gatte nicht da war, brachte sie einen Knochen für den herrenlosen Hund mit, der am Portal schnüffelte. Wenn sie ein Huhn mästete, überkam sie Mitleid, sie war außerstande, es zu schlachten. Der Mann riß den Hühnerstall ab und pflanzte an seiner Stelle wilde Kakteen. Er entfernte den einzigen Rosenstock aus der Ecke des Gartens. Nicht einmal einer Rose wagte er seinen Rest an Liebesfähigkeit zu geben.

Von den Samstagen abgesehen gingen sie nicht aus dem Hause, der Alte rauchte Pfeife, die Alte ließ die Nadeln spielen. Bis zu dem Tage, an dem sie, vom Spaziergang zurückkehrend, die Tür aufmachten und zu ihren Füßen einen Brief fanden. Niemand schrieb ihnen je, kein Verwandter, kein Freund auf der Welt. Ein blaues Couvert, keine Anschrift. Die Frau schlug vor, ihn zu verbrennen, sie hatten schon allzuviel durchgemacht. Er gab zur Antwort, niemand auf der Welt könne ihnen Böses zufügen.

Er verbrannte den Brief nicht, öffnete ihn auch nicht, vergessen lag er auf dem Tisch. Sie setzten sich unter den Lampenschirm des Wohnzimmers, sie mit der Strickarbeit, er mit der Zeitung. Die Frau senkte den Kopf, biß in eine Nadel, mit der anderen zählte sie das Muster ab und dann verlorenen Blicks von neuem die Reihe. Der Mann las, die gefaltete Zeitung auf dem Knie, jeden Satz zweimal. Die Pfeife ging ihm aus, er zündete sie nicht wieder an, horchte auf das trockene Klappern der Nadeln. Endlich öffnete er den Brief. Zwei Wörter: »Zahmer Hahnrei«, aus Zeitungsbuchstaben zusammengesetzt. Nichts weiter, kein Datum, keine Unterschrift. Er reichte das Papier seiner Frau, die ihn, nachdem sie gelesen hatte, anschaute. Niemand sprach ein Wort. Sie erhob sich, den Brief zwischen den Fingerspitzen.

»Was willst du tun?«

»Ihn verbrennen.«

Das wollte er nicht. Er steckte das Briefchen ins Couvert, verwahrte es in der Tasche. Er hob das zu Boden gefallene Deckchen auf und setzte die Zeitungslektüre fort.

Die Frau verwahrte Garn und Nadeln im Körbchen.

»Mach dir nichts draus, Altchen. Der Brief ist in allen Häusern eingeworfen worden.«

Dringt der Sirenengesang ans Herz der alten Leute? Er vergaß das Papier in der Tasche, eine weitere Woche ging vorbei. Am Samstag, bevor er noch die Tür aufmachte, wußte er, daß der Brief auf sie wartete. Die Frau trat auf ihn, tat so, als sähe sie nichts. Er hob ihn auf und steckte ihn in die Tasche.

Mit gebeugten Schultern, die gleiche Reihe nachzählend, fragte sie:

»Willst du ihn nicht lesen?«

Über seine Zeitung hinweg bewunderte er ihren geliebten Kopf, ohne ein weißes Haar, ihre Augen, die trotz der vorgerückten Jahre so blau waren wie am ersten Tage.

»Ich weiß schon, was drin steht.«

»Warum verbrennst du ihn nicht?«

Es war ein Spielchen, er zeigte den Brief vor: keine Anschrift. Er machte ihn auf, zwei Wörter, aus ausgeschnittenen Buchstaben. Er blies in das Couvert, schüttelte es über dem Teppich, weiter kam nichts. Er steckte ihn zu dem anderen und bemerkte, als er die Zeitung zusammenfaltete, daß seine Freundin ein falsches Muster auf dem Deckchen auftrennte.

Mitten in der Nacht wachte er auf, sprang aus dem Bett, lief ans Fenster. Er hob die Gardine, im Schatten eine Männergestalt, er ballte die Hand, bis der andere davonging.

Am folgenden Samstag während des Spaziergangs dachte er, ob er wohl allein den Brief erhielte. Es konnte ein Irrtum vorliegen, es stand keine Adresse darauf.

Wenn er doch zumindest Namen, Datum, eine Ortsangabe enthalten hätte. Er stieß die Tür auf, da lag er: blau. In die Tasche zu den anderen gesteckt. Dann schlug er die Zeitung auf. Während er die Seiten umblätterte, spähte er nach dem über die Nadeln gebeugten Gesicht aus. Ein schwieriges Deckchen, an dem sie seit Monaten arbeitete. Er rief ihr die Legende von Penelope in Erinnerung, die nachts im Fackelschein die während des Tages gestrickten Reihen auftrennte und in Erwartung ihres Gatten auf diese Weise Zeit vor den Freiern gewann. Mitten in der Geschichte brach er ab: hatte Penelope den abwesenden Gatten betrogen? Für wen war das Totenhemd bestimmt, an dem sie strickte? Ließ sie auch nach Odysseus' Heimkehr die Nadeln klappern?

Im Bad schloß er die Tür, erbrach den Umschlag. Zwei Wörter... Er hatte sich einen Plan ausgedacht: er verwahrte den Brief und in ihm ein Haarfädchen. Er hängte das Jackett auf den Bügel, das Papier sichtbar in der Tasche. Die Frau stellte die Milchflasche vor die Tür, er ging zu Bett. Am Morgen prüfte er den Umschlag: er sah unberührt aus, steckte am gleichen Platz. Er suchte nach dem weißen Haar – fand es nicht.

Von der Straße aus überwachte er die Schritte der Frau im Hausinneren. Sie wird sich mit ihm am Portal treffen – in den Augen den Widerschein der Krawatte des anderen. Ach, er hätte gern das Haar auf ihrem Nacken hochgehoben, ob nicht Bißspuren zu sehen waren. Wenn sie gerade nicht anwesend war, öffnete er den Schrank, vergrub seinen Kopf in den Kleidern. Hinter dem Vorhang spionierte er die Männer aus, die über den Bürgersteig gingen. Er kannte den Milchmann und den Bäcker, junge Männer mit hinterhältigem Lächeln.

Er überdachte die Handreichungen seiner Freundin: Staub auf den Möbeln, die Erde in den Veilchentöpfen feucht oder trocken ... Am kleinen Deckchen maß er die Zeit. Er wußte, wie viele Reihen die Frau strickte und wann sie es, wenn sie sich im Muster irrte, auftrennen mußte, noch bevor sie mit der Nadelspitze zu zählen anfing.

Ohne einen Beweis gegen sie gab er niemals Penelopes Ende preis. Während er las, beobachtete er ihr Gesicht im Schatten des Lampenschirms. Wenn er Schritte vernahm, stahl er sich auf Zehenspitzen davon und spähte durchs Fenster; der Vorhang war ganz zerknittert von der wütenden Hand.

Endlich kaufte er eine Waffe.

»Um Gottes willen ... wozu der Revolver?« erschrak die Gefährtin.

Er erwähnte die vielen Diebe in der Stadt. Er forderte Rechenschaft über alte Geschenke. Strickte sie Deckchen, damit ihr Geliebter sie verkaufte? Am Abend, die aufgeschlagene Zeitung auf den Knien, spähte er bei seiner Frau – in ihrem Gesicht, auf ihrem Kleid – nach der Spur des anderen: sie irrte sich bei dem Muster, mußte die Reihe auftrennen.

Er erwartete ihn auf der Veranda. Er ging vor dem Haus auf und ab, als kenne er es nicht. Wenn er wieder eintrat, schnupperte er nach Gerüchen in der Luft, fuhr mit dem Finger über die Möbel, betastete die Erde in den Veilchentöpfen – er wußte, wo die Frau sich aufhielt.

Am frühen Morgen wachte er auf, und das Kopfkissen war noch warm von dem anderen Kopf. Unter der Tür ein Lichtschimmer im Wohnzimmer. Sie saß bei ihrem Strickwerk, immer noch das kleine Deckchen. War sie Penelope, die des Nachts die Arbeit eines weiteren Tages auftrennte?

Als die Frau die Augen hob, bemerkte sie den Revolver. Die Nadeln klapperten, ohne Faden. Sie erfuhr nie, warum er sie verschonte. Sobald sie sich zu Bett legten, fiel er in tiefen Schlaf.

Es gab einen Vetter in ihrer Vergangenheit ... Vergeblich schwor die Frau: der Vetter sei zwölfjährig an Typhus verstorben. Am Abend zog er die Briefe aus der Tasche – es waren viele, einer von jedem Samstag – und las, zwischen den Zähnen murmelnd, einen nach dem anderen.

Er ging nicht darauf ein, am Samstag zu Hause zu bleiben, um den Verfasser zu identifizieren. Ihm fehlte das bewußte Briefchen. Die Korrespondenz zwischen dem Vetter und ihm, dem zahmen Hahnrei; ein Spielchen, bei dem am Ende er der Sieger bleiben würde. Eines Tages mußte der andere alles enthüllen, man durfte den Briefwechsel nicht unterbrechen.

Am Portal reichte er der Gefährtin den Arm, während des Spaziergangs sprachen sie kein Wort, vor den Schaufenstern blieben sie nicht stehen. Bei der Heimkehr hob er den Umschlag auf und ging mit ihm, bevor er ihn öffnete, durchs Haus. Alsdann versteckte er ein Haar im zugefalteten Couvert und ließ es auf dem Tisch liegen.

Das Haar fand er wieder, nie mehr entzifferte die Frau die beiden Wörter. Oder – fragte er sich, eine neue

Falte auf der Stirn – hatte sie die Kunst entdeckt, zu lesen, ohne das Couvert zu beschädigen?

Eines Nachmittags öffnete er die Haustür und sog die Luft ein. Er ließ die Finger über die Möbel gleiten: Staub. Er betastete die Erde in den Blumentöpfen: trocken. Er stürmte in das Zimmer mit den geschlossenen Fenstern und machte Licht. Die Alte lag dort auf dem Bett, den Revolver in der Hand, das weiße Kleid blutbesudelt. Er drückte ihr nicht die Augen zu.

Er spürte kein Mitleid, er war gerecht gewesen. Die Polizei ließ ihn in Frieden abziehen, er war nicht zu Hause gewesen in der Stunde, in der seine Frau Selbstmord begangen hatte. Als der Leichenzug auszog, kommentierten die Nachbarn seinen tiefen Schmerz, aber er weinte nicht. Er erfaßte einen Griff des Sargs und half, ihn ins Grab herabzulassen; bevor der Totengräber ihn noch mit Erde bedeckt hatte, ging er davon.

Er trat ins Wohnzimmer, erblickte das Deckchen auf dem Tisch – das Spitzendeckchen. Penelope hatte ihr Werk beendet, es war ihr eigenes Totenhemd, an dem sie gewebt hatte – in Anwesenheit des Gatten.

Er zündete die Lampe mit dem grünen Seidenschirm an. Auf dem Sessel lagen die gekreuzten Stricknadeln im Körbchen. Es war Samstag, fiel ihm ein. Niemand war imstande, ihm Böses zuzufügen. Die Frau hatte für das Verbrechen bezahlt. Oder – plötzlicher Alarmruf in der Brust – war sie womöglich unschuldig? Hatte man den Brief auch unter andere Türen gesteckt? Nur irrtümlicherweise unter die seinige?

Das würde sich herausstellen, er konnte in Ruhe alt werden. Wenn sie für ihn bestimmt waren, würden sie nunmehr, da seine Frau tot war, aufhören. Dies war der letzte gewesen – der andere hatte gezittert, als er Tür und Fenster offen stehen sah. Er mußte den Leichenwagen am Portal erblickt haben. Wer weiß, vielleicht war er mit der Beerdigung mitgegangen. Einer von denjenigen, die ihn mit dem Ellenbogen anstießen, als der Sarg hinuntergelassen wurde – etwas Wasser stand in der Grube.

Er ging aus dem Hause, wie jeden Samstag. Mit eingewinkeltem Arm, aus alter Gewohnheit, weil er ihn so viele Jahre seiner Freundin gereicht hatte. Vor dem Schaufenster mit Kleidern, einige davon weiß, spürte er den Druck ihrer Hand. Er lächelte verächtlich über ihre Eitelkeit, noch als Tote ...

Die beiden Stufen der Veranda – »Ich war gerecht«, wiederholte er, »ich war gerecht« – mit fester Hand drehte er den Schlüssel im Schloß herum. Er öffnete die Tür, trat auf den Brief, ließ sich in den Sessel fallen und las die Zeitung mit lauter Stimme, um nicht die Schreie des Schweigens zu hören.

Guten Abend, Herr!

Er wartete auf mich am Ausgang der Tanzhalle. Er stand an der Straßenecke, zupfte an den Enden seiner Fliege und, mager, undefinierbaren Alters, lächelte er mich schon von weitem an.

»Guten Abend!«

»Guten Abend, Herr!«

Neben mir hergehend sagte er, er habe mich mit der Blonden tanzen sehen. Er fände sie reizend, mit ihrem geschminkten Mund. Ich antwortete, daß ich sie haßte. Er sagte, er habe viel unter den Frauen zu leiden gehabt; wütend zerrte er an seiner kleinen blauen Fliege. Von seiner eigenen Frau – verheiratet war er, mit einem Kind – wollte er nichts wissen.

Er sprach viel und rasend schnell, seine Stimme war teigig von Speichel. Ich steckte mir eine Zigarette an – zitterten nicht meine Finger? Er erkundigte sich, ob sie mich herausgefordert habe, aber ich antwortete nicht. Er verstünde sehr wohl, eine unnachgiebige Frau könne einen armen jungen Burschen verrückt machen. Er sei imstande, die Blonde mit den treulosen Augen umzubringen.

»Zum Glück sind meine Augen nicht grün!«

Jedesmal kniff er ein Auge zu. Ich verstünde nichts von der Welt, sagte er, bei jedem Wort war seine Stimme heiserer. Er ließ auf freundliche Weise seinen Ärger an den Platanen, an der Blonden, ja sogar an dem verdammten Mond aus, Schneckenschleim auf dem Goldzahn ... Er sprach nicht von der Blonden, von mir oder von ihm – als ob ich wissen sollte von wem. Nahe der Kirche der traurige Schrei der Fledermäuse.

Er fragte nach der Uhrzeit. Ich hatte keine Uhr. Während wir an der Straßenecke standen, beschimpfte er die Blonde noch mehr; sie habe einen geschminkten Mund, der grenzenlose Wonnen verheiße, aber ihr Blick sei kalt, ihr blondes Herz bitter. Er kenne andere Münder, den seinigen beispielsweise, den König des größten Genusses. Er befeuchtete sich die Lippen mit der roten Zungenspitze – in seinen Mundwinkeln den Schaum eines Sterbenden. Auch wenn ich ihn nie gesehen hätte, er warte seit langem auf mich. Er wisse alles über mich, wisse, wer ich sei:

»Einem hübschen Jungen würde ich den Thron der Welt anbieten.«

Sogar Geld, sagte er, Schätze, die ich bei keiner Blonden verdienen könne. Ich protestierte, sie verdiene keinen Haß, sei ein Mädchen aus guter Familie.

Er blickte auf seine Armbanduhr: drei Uhr morgens.

»Gute Nacht, mein Herr!«

Ohne zu antworten führte er seine zitternden Hände zum Knoten meiner Krawatte empor – zwei Mäuse mit heißen, feuchten Schnäuzchen.

»Du hast ja Haare auf der Brust!«

In den Fingerspitzen die verehrungsvolle Sorgfalt eines Menschen, der einen Kelch weiht.

»Ja, wer würde da nicht . . .«

Seine Augen öffneten sich in Richtung Mond, ich könnte schwören, sie waren grün.

»Wie stark du bist!«

Mein Gott, dieses Grinsen . . . Leise Rufe einer alten,

blinden Fledermaus. Vom Wind redend, der Regen ankündigte, probierte er eine Geste aus – die Geste der Blonden! Die Zungenspitze bewegte sich gleich einem Papier unter der Tür.

»Hast du keine Angst?«

Eine Katze sprang von der Mauer. Ich schaute von der Katze zu dem Mann und der verlassenen Straße: kniend zu Füßen des Mondes.

Schritte eines verirrten Kindes, zerplatzte Regentropfen auf den Blättern.

»Gute Nacht, gute Nacht, gute Nacht.«

Es weinte der Goldzahn, Tränen zerfurchten die alten Falten. Er verbarg sie in der Hand – die Uhr blinkte am Handgelenk.

»Und mein Geschenk?«

Er sah auf die Uhr.

»Mir lieb und teuer. Ein Andenken an meine Mutter.«

Die feuchten Blätter glänzten auf dem Bürgersteig. Alle Bäume tropften, zwei Türen von seinem Haus entfernt.

»Besser wenn ...«

Es war besser, nicht nachzugeben.

»... Sie sich jetzt davonmachen.«

Er wollte meine Hand fassen, ich steckte sie in die Tasche.

»Noch ein bißchen«, bat er.

Alle Bäume tropften. Dort in der Haustür – die Uhr auf der Handfläche. Er fragte mich nach der Uhrzeit.

Er stieg mühsam und schlurfend die Treppe empor. Er blieb stehen, um nur einmal, in der Mitte der dreißig Stufen, Atem zu schöpfen: noch war er ein Mann. Er ging in die Küche und setzte sich, ohne seine Frau anzuschauen, ohne sich die Hände zu waschen, zu Tisch. Sie füllte den Suppenteller, stellte ihn dem Gatten hin.

Die Augen gerötet vom langen Schlafen kam der Sohn aus dem Zimmer und durchquerte die Küche. Der Mann zwinkerte heftig mit den Augenlidern, benommen von den anheimelnden Dämpfen.

»Wo gehst du hin?«

Der Sohn öffnete den Wasserhahn im Bad:

»Ich will mich rasieren.«

»Es ist Essenszeit. Komm zu Tisch!«

Der junge Mann ließ sich Zeit, der Wasserhahn war längst zugedreht. Das Handtuch um den Hals, schaute er den Vater nicht an.

»Ich will nicht zu Abend essen. Keinen Hunger.«

»Auch wenn du nicht essen willst, komm zu Tisch!«

Jeden Abend war er ausgehungert. Er füllte sich den Löffel, roch an der Bohnensuppe und verschlang sie, die dicken Lippen spitzend, mit Wonne. Der Sohn zeichnete mit der Gabel auf dem mit Blumen bedruckten Tischtuch. Die Frau ihrerseits betrachtete das Feuer, die Hand am Kinn.

»Ausgehen will ich.«

Der Mann schlürfte geräuschvoll, bei jedem Schlürflaut drehte der Sohn die Gabelspitze im Herzen der Margueriten um.

»Jetzt erst kommst du aus dem Schlafzimmer, du Nichtsnutz! Ich dagegen ... Wenn ich mich am hellichten Tag zu Bett lege, dann nur zum Sterben.«

Die Hand des Sohnes ließ die Gabel los und rührte sich nicht.

»Du kommst doch früh heim, nicht wahr?«

Die müde Stimme der Mutter, sie kehrte dem Tisch noch immer den Rücken zu. Wußte sie nicht, daß sie der Sache ihres Sohnes schadete, indem sie ihn verteidigte? Der Mann leerte den Teller und blickte, den Löffel aus der Hand legend, prüfend auf seine faltigen Hände.

»Hände« ... – sie zitterten leise –

»... eines alten Mannes!«

Die Frau nahm den Teller, füllte ihn bis zum Rande. Der Mann zwirbelte die feuchten Spitzen seines Schnurrbarts.

»Ißt du nichts?«

Der Sohn zeichnete mit der Gabel die Umrisse der Blumenblätter auf dem Tischtuch nach.

»Ich habe keinen Appetit.«

»Anschließend gehst du auf dein Zimmer.«

Er roch an dem Löffel und schlürfte die Suppe mit schnalzender Zunge. Der Sohn stand vom Tisch auf.

»Du bleibst sitzen. Gibt's denn kein Brot in diesem Hause?«

Die Frau brachte das Brot. Er schnitt es nicht in Scheiben: er packte es mit der Hand und biß mehrmals hinein, dann teilte er es in Stücke, reihte sie vor dem

Teller auf und machte sich, während er löffelte, nacheinander über sie her.

»Du kommst doch früh wieder nach Hause, nicht wahr, mein Sohn?«

Wieder die Mutter, sie würde es nie lernen.

»Jetzt gehe ich nicht mehr aus.«

Der Vater sprach das letzte Wort:

»Eine Schande! Der Hausvater muß allein zu Abend essen. Der Sohn ist sogar zum Essen zu faul. Die Mutter . . .«

Bei seinem Geschimpfe klirrten die Bestecke.

». . . hat einen empfindlichen Magen.«

Sie rührte sich nicht, über den Herd gebeugt.

»Sieh mich an, wenn ich mit dir rede!«

Sie drehte sich um, trocknete sich die Hände am Rock ab.

»Erst wirst du alt und dann auch noch heikel. Kannst du nicht mit dem Hausherrn essen, der deinen Sohn unterhält und dir das Geld gibt?«

»Du weißt, warum ich mich nicht setze.«

Beide schauten sie erschrocken an, nie stellte sie die Befehle ihres Mannes in Frage.

»Keine Ahnung, Frau Prinzessin. Erzähl doch . . .«

Den Löffel in der Luft drängte er:

»Hast wohl den Mut verloren, daß du nicht sprichst?«

Abermals kehrte ihm seine Frau den Rücken zu.

»Du ekelst mich nur an.«

Er blies auf den Löffel, befleckte das Tischtuch mit Spritzern.

»Was ist los? Was sagst du da? Wiederhol das noch einmal, Frau!«

Die Hausfrau öffnete den Herd, stocherte in der Glut, legte Brennholz nach:

»Ich erwarte nichts mehr vom Leben. Aber ich kann nicht sehen, wie du ißt. Ich weiß, es ist traurig, wenn die Frau sich vor dem eigenen Mann ekelt. Du schlürfst die Suppe in dich hinein, als wäre es deine letzte. Du ißt das Brot, als ob ich es dir wegnehmen wollte. Ich weiß nicht, was ich Gott angetan habe, daß er mich so bestraft. Ich bin dir eine gute Frau gewesen, auch wenn ich mich ekle. Ich wasche deine Wäsche, ich lege mich in dein Bett, ich koche deine Suppe. Ich tue das, bis ich sterbe. Verlange von mir, was du willst. Nur nicht, daß ich mich mit dir und deiner verfluchten Suppe an diesen Tisch setze.«

Der Sohn verließ die Küche und stieg die Treppe hinunter. Die beiden hörten die Straßentür zuschlagen. Der Mann sah seine Frau zum ersten Mal an. Er senkte die Augen, Fettaugen schwammen auf der kalten Suppe. Eine Tellerseite anhebend, aß er den Rest der Suppe zu Ende und leckte den Löffel ab.

João Nicolau wurde zum Manne: er kaute Tabak und spuckte schwarz aus. Er trug die hohen Schaftstiefel, Erbstück seines Vaters, küßte das weiße Haar seiner Mutter und wanderte, ohne Geld für den Zug, auf die Stadt zu. Unterwegs bat er das junge Mädchen auf der Veranda mit den Glyzinien um ein Glas Wasser. Vater Bortolão bot ihm Obdach und Essen, wenn er den Geräteschuppen ausbessern würde.

Am Abend, in Stiefeln auf der Veranda, plauderte er mit Negrinha, wußte nicht, ob der Duft von ihr oder von den Glyzinien ausging. Als der Geräteschuppen gedeckt war, starb eine Tante des jungen Mädchens an Darmverschlingung. Bei der Totenwache kippte er auf Drängen des Vaters zwei Gläser Zuckerrohrschnaps. Negrinha suchte ihn im Schuppen auf, schlief mit ihm auf dem Strohlager. Am andern Morgen, sie schlief noch, verschwand João, ohne die Beerdigung abzuwarten.

Als er Pferdegetrappel hörte, verließ er die Straße. Trotz seines Durstes klopfte er an keine Tür. Die Stiefel rieben ihm die Füße wund, die Stadt war immer weiter entfernt. Er zog sie aus, um sich zu kratzen. Negrinha hatte sie mit Juckpulver eingerieben, um ihn an der Flucht zu hindern.

Mit brennenden Füßen schleppte er sich bis zu dem großen Haus mit dem Schild: »Zum Unabhängigkeitsruf« an der Tür, wo er um Unterkunft bat. Am nächsten Tag vergaß er den Aufbruch: seine blauen Augen waren tiefrot, weil sie die Tochter des Wirtes so lange verfolgt hatten. Cristina rollte ihr blondes Haar zu zwei Zöpfen ein, ein rotes Band an den Enden. Ihr weißer Leib war nachts ein phosphoreszierender Fisch im dunklen Wasser.

Sie selbst nähte das Brautkleid. João zog den blauen Anzug seines Schwiegervaters an. Mit letzter Kraft bat ihn der kranke Alte um ein wundertätiges Wasser. Zum ersten Mal reiste er mit dem Zug, die dunkelbraune Ledertasche unter dem Arm.

In der Stadt nahm ihn ein Polizist fest, ein Gevatter Bortolãos. Er verbrachte die Nacht unter Betrunkenen und Dieben, vor Durst trank er die Flasche mit dem wundertätigen Wasser leer. Am Morgen wurde er zum Standesamt gebracht, zusammen mit Negrinha und ihrem Vater, sie war im dritten Monat schwanger. Wenn er den Schaden nicht wiedergutmachte, sieben Jahre Gefängnis. João Nicolau schwor, er liebe sie und heiratete sie in Gegenwart des Richters.

Er verabschiedete sich von seinem Schwiegervater und vom Polizisten mit dem Versprechen, das junge Mädchen gut zu behandeln. Bortolão gab ihm einen kleinen Geldbetrag und begleitete sie zum Bahnhof. Unser Held entfernte sich für eine halbe Stunde, kam mit berstender Aktentasche zurück – außer dem Reiseproviant ein Seil, eine Pistole, ein Dolch. Er bestieg mit Negrinha den Zug und, als die Nacht einbrach, stiegen sie an dem verlassenen Bahnhof aus.

Auf der Straße lud er sie zur Rast auf einem Pinienstumpf ein. Negrinha aß eben Brot und Rauchwurst, als er sie von hinten anfiel, mit dem Dolch am Hals verletzte. Sie stieß einen Schrei aus und rollte ohnmächtig zu Boden. João Nicolau sah sie fallen, und, weil er sie tot glaubte, steckte er die Pistole ein. Mit dem Seil hängte er sie, mit dem Kopf nach unten, an einem Pitanga-Baum auf, so würde sie all ihr Blut verlieren.

Auf die Fragen der alten Mutter antwortete er, er habe unterwegs ein Schwein abgestochen. Kaum war er fortgegangen, kam Negrinha wieder zu sich, befreite ihre Füße und schleppte sich zu einem Hause. João Nicolau wurde verhaftet: er träumte im Fieber von phosphoreszierenden Fischen. Im Gefängnis weinte er voller Reue und rannte mit dem Kopf gegen die Wand. Der Gefängniswärter ließ ihn laufen, im Austausch gegen die berühmten Stiefel.

Cristina trauerte um ihren Vater, der im Todeskampf nach der rettenden Flasche tastete. João erfand einen Zugüberfall durch zwei maskierte Banditen. Die andere, Negrinha, wurde wieder gesund und kehrte nach Hause zurück. João Nicolau schrieb ihr einen leidenschaftlichen Brief, worin er seine Rückkehr ankündigte, und schickte ihr überschüssiges Geld für die Babyausstattung. Das Kind kam tot auf die Welt und Negrinha, die Ärmste, überlebte die Geburt nicht. Zum Abschied schnitt sie für ihn eine Locke von ihrem Haar ab.

João Nicolau erhielt sie, abermals von Bortolão angezeigt, im Gefängnis. Arme Cristina, schwanger und mittellos!

João wurde vom Richter zu achtzehn Jahren verurteilt. Cristina verkaufte das alte Gerümpel aus dem »Unabhängigkeitsruf«, wurde Köchin in der Pension neben dem Zuchthaus. Wegen der Überanstrengung und der schlechten Behandlung hatte sie eine Fehlgeburt. Als er es erfuhr, steckte er seine Matratze in Brand und warf sich ins Feuer; mit Verbrennungen zweiten Grades brachte man ihn ins Krankenrevier. Einer der Wärter fand an Cristina Gefallen, winkte ihr mit der Flucht ihres Mannes. Sie wurde die Geliebte des Wärters, der an ein anderes Zuchthaus versetzt wurde. Sie war schwanger im fünften Monat. Nach entsprechender Zeit brachte sie ein Mädchen auf die Welt, das den Namen Augusta erhielt, zur Erinnerung an die Großmutter.

João Nicolau trank Wasser aus dem Straßengraben und holte sich dabei Typhus. Um ihre Tochter unterhalten zu können, wurde Cristina Straßenmädchen.

Der Typhus machte João Nicolau traurig und kahlköpfig. Nachts erinnerte er sich schlaflos bald an Negrinha, bald an Cristina. Er betastete die Haarlocke an dem schmutzigen Bindfaden. Wenn sie noch am Leben wäre, würde sie mit den Jahren weiß geworden sein – in diesem Büschel blieb sie ewig jung, schwarz wie am ersten Tage. Taufrisch war das Wasser, das sie ihm anbot, in der Zelle hing der süßliche Duft nach Glyzinien.

Die andere, Cristina, hatte ihm ein Foto von der Hochzeit geschenkt; warum verblaßte ihr Gesicht, sah in der blauen Kleidung so hell aus? Er zerriß das Bild und merkte sich nur das Aussehen der Braut: auf dem weißen Fleck am Kopf nahm er nur Kranz und Schleier wahr.

Im zehnten Jahr verlor er alle Zähne. Seine Unterhaltung bestand, von Cristinas Besuch abgesehen, in der Beobachtung der Raben, er malte sich aus, wo sie vor dem Regen Schutz suchten. Vor dem Fenster stand eine Palme: die weißen Knospen brachen auf und aus ihnen wurden die grünen, später gelben Kokosfrüchte, die, wenn sie der Wind nicht herunterfegte, schwarz auf dem Büschel verwelkten. Keine Frucht würde so süß sein. Aber könntest du sie erreichen? So sehr es regnen mochte, eine Seite der Palme blieb immer trocken. Dann und wann atmete er in der Zelle Glyziniendu ft.

Im Alter von 48 Jahren wurde er entlassen. Cristina erwartete ihn am Portal. Sie hatte das Freudenhaus verlassen, alt, häßlich und krank. Ihre Tochter bot ihm den Arm, ist sie nicht niedlich?

Zurück ins Haus der verstorbenen Mutter João Nicolaus. Ein Faulpelz erster Ordnung, jede Kleinigkeit vergnügte ihn: ein Rabe, der am Himmel kreiste (Wohin fliegt er? Warum verschwindet er, wenn es regnet?), Augustas goldene Haarsträhnen.

Cristina arbeitete außer Hause als Wäscherin, ihre Tochter erfüllte João Nicolaus Wünsche. Die Axt auf der Schulter, zählte er, statt Holz zu spalten, wie oft sich die Locken auf Augustas Nacken ringelten – ihr Gesicht paßte in die Lücke auf dem Bild.

Cristina überraschte ihre Tochter in João Nicolaus Bett. Wenn es Abend wurde, wärmte sie Wasser, wusch ihm die Füße. Nachdem sie sie getrocknet hatte, badete unser Held im gleichen Wasser Augustas dickliche Füße. Er küßte sie in Cristinas Gegenwart – das junge Mädchen wand sich vor Kitzligkeit.

Cristina mischte ihm zermahlenes Glas unter die Bohnen, ohne daß er Verdacht schöpfte; er bekam so starke Koliken, daß er mit herausgestreckter Zunge über den Fußboden rollte. João schlief nun allein im

Ehebett. Eines Nachts suchte er Negrinhas Haarlocke, fand sie nicht. Cristina hatte sie verbrannt und dazu ihr eigenes Bild.

João Nicolau klagte über den erstickenden Glyziniendurft. Jedesmal mischte eine der Frauen Glasstaub in den Teller mit Bohnen, den sie ihm ans Bett brachten. Er brüllte vor Schmerz, sie hielten sich die Ohren zu, flüchteten in den Hausgarten.

Eines Tages starb er. Die Frauen begruben ihn, keine weinte. Ohne Geld für den Zug, wanderten sie Richtung Stadt. In Augustas Bauch hüpfte es, sie sollte bald Mutter werden.

Elefantenfriedhof

Am Flußufer im Hintergrund des Fischmarkts steht der alte Inga-Baum – dort sind die Trunkenbolde glücklich. Die Bevölkerung betrachtet sie als heilige Tiere, sorgt für ihren Bedarf an Zuckerrohrschnaps und Fisch mit Mandiokbrei. Normalerweise geben sie sich mit den Abfällen des Marktes zufrieden. Wenn der Magen knurrt, so daß es die Siesta stört, verlassen sie ihr Asyl und stürzen sich mit schweren, schleifenden Füßen in den Lebenskampf. Sie versinken bis zu den Knien im Uferschlamm auf der Krebsjagd oder halten, ihre roten Rüssel in die Luft reckend, Ausschau nach herabfallenden reifen Inga-Früchten.

Wie übel zugerichtete Elefanten kratzen sie klaglos ihre Wunden, breitbeinig auf den Wurzeln hockend, die ihnen als Bett und Stuhl dienen, und trinken und knabbern an den Fischstückchen. Jeder hat seinen festen Platz, freundlich warnen sie:

»Setzen Sie sich nicht auf Pedros Wurzel!«

»Er ist fort, wußten Sie das nicht?«

»War eben noch hier.«

»Er spürte, daß er abkratzen würde und ist abgerückt. Ich habe gerufen: *Geh voran, Pedro, laß die Tür offen!*«

An der Oberfläche des Schlamms gedeihen breitblättrige Wasserpflanzen – Fußabdrücke eines verirrten Riesen? João legt den in Bananenblätter eingerollten Fisch in die Glut.

»Hat Cai Nàgua die Regenwürmer gebracht?«

»Gewiß doch ...«

»Eben noch hat er ...«

»Er hat die Büchse gebracht und gesagt: Jonas, gleich gibt es prima Weißlinge.«

Von anderen Ufern langt ein sterbender Elefant an.

»Komm mit, Freundchen!«

Eine Wurzel unter dem Inga-Baum, ein Fischschwanz, ein Becher mit Zuckerrohrschnaps.

In der Stille bezeichnet das Bzzz der Schnaken den Platz jedes einzelnen; sie erschrecken über das Geheimnis der Nacht, der Leuchtturm blinkt auf der Höhe des Hügels.

Fällt es einem von ihnen ein, seinen Finger in den geschwollenen Knöchel zu bohren, entfernt er sich auf Dickhäuterfüßen mit gemurmeltem Abschiedsgruß – so störe niemand die Langschläfer. Wenn sie aufwachen, fragen sie nicht, wohin der Abwesende gegangen ist. Und selbst wenn sie sich erkundigen würden, um ihm Margueriten aus dem Sumpfland zu bringen, wer könnte Antwort geben? Der Weg enthüllt sich dir in der Stunde des Todes.

Die Meeresbrise des Nachmittags reizt die Schmeißfliegen, die auf ihren unförmigen Füßen kleben; die Blätter des Inga-Baums leuchten wie versilberte Stichlinge – beim Widerhall der fallenden Früchte richten sich die Trunkenbolde mühsam auf, streiten sich um sie und wälzen sich im Staub. Der Sieger schält die Inga-Frucht, saugt genießerischen Blicks ihr süßliches Mark. Nie ist auf dem Friedhof Blut geflossen, das Messerchen am Gürtel dient zum Entschuppen von Fischen. Und den Streithähnen, die sich nicht vom Fleck rühren können, genügt es, sich aus der Ferne zu beschimpfen.

Sie ertragen das Delirium, Seuchen, gallige Zunge, stickigheißes Wetter, blutige Muskelkrämpfe, aber sie brüllen vor stumpfem Haß gegen die Sperlinge, die zwischen den Blättern nisten und ihnen, bevor sie einschlafen, auf den Kopf spucken – ihr unruhiges Schilpen vergiftet die Schläfrigkeit.

Vom Ufer aus schauen sie zu, wie die Fischer die Ruder eintauchen.

»Hast du ein Fischlein für uns, Gevatter?«

Der Fischer wirft einen Fisch herüber, der unbeachtet auf dem Boden des Kahns lag.

»Warum mußt du immer trinken, Köderfresser?«

»Das macht der Fluch meiner Mutter, uai.«

»Will der Chico keinen Fisch?«

»Der Arme hat einen Wasserbauch.«

Ohne Eile entfernt er sich von den Gefährten, die am Ufer dösen und ganz vergessen haben, die Regenwürmer auf die Angeln zu spießen.

Die anderen spucken den schwarzen Inga-Kern ins Wasser und befragen ihn nicht: die elfenbeinernen Beutestücke, die seinen Weg anzeigen, sind leere Flaschen. Chico verliert sich auf dem geheiligten Friedhof, die Gerippe grotesker Füße tauchen im Mondlicht auf.

Allein, zu sich selbst verdammt, außerhalb der Welt, spioniert der Spion. Da steht ein großer grauer Häuserblock, quadratische Fenster, die Mauer funkelt von Glasscherben. Auch wenn er es gar nicht möchte, kennt er die Hauptereignisse im Gebäude, dessen Buchstaben auf der Fassade – vielleicht ein Heiligenname – er nicht zu erkennen vermag, weil er immer kurzsichtiger wird. Zufällig hat er den Vater bemerkt, als er mit dem kleinen Mädchen an der Hand ankam. Groß gewachsen, grauer Schnurrbart, Wolldecke über der Schulter, hohe Stiefel. Das kleine Mädchen vier Jahre alt, zart, dünne Beinchen, erstaunlich, daß sie darauf überhaupt stehen kann. Das Händchen schweißnaß – der Spion konnte aus ihrem nervösen Typ folgern, das kleine Mädchen sei aufgeregt, weil es vom Vater Abschied nehmen mußte, deshalb seine schreckensfeuchte Hand –, es drückte ein Paket an sich, das mit grobem Bindfaden verschnürt war, worin sich alle seine Habseligkeiten befanden: Wäsche zum Wechseln und, wer weiß, eine Handvoll saure Drops.

Stocksteif unterhielt sich der Vater mit der bebrillten Nonne. Er erklärte – so stellte es sich der Spion in seinem Turm vor –, seine Frau habe sich den Mund rot geschminkt, auf und davon gemacht und ihn mit der Tochter sitzenlassen. Er übergab sie dem Internat, konnte sich nicht um sie kümmern – war Geschäftsreisender, handelte mit Hühnern und Schweinen. Der Mann kniete nieder, das kleine Mädchen legte ihm die Ärmchen um den Hals, wollte ihn nicht gehen lassen.

Ein harter Charakter, gekränkt durch den Verrat, brach er die Umarmung ab, ließ seine Tochter weinend auf dem Hof zurück.

Achtzig kleine Mädchen zwischen fünf und elf Jahren, niemand von diesem ganzen Völkchen lacht. Sie spielen still mit ihren Lumpen, leeren Spulen und – wer vom Glück besonders begünstigt ist – mit Stoffhexen. Die Woche über tragen sie gestreifte Schürzen und am Sonntag das karierte Kleidchen, das jetzt im Korridor hängt. Jeder Nagel hat eine Nummer: auf der einen Seite hängt das karierte Kleid und auf der anderen das Baumwolljäckchen.

Wenn sie einmal sechs Jahre alt sind, besorgen sie den gesamten Dienst: sie machen ihr Bett selbst, schrubben den Bretterfußboden, fegen den Hof. Am Nachmittag zwischen den Litaneien beschäftigen sich einige mit Sticken, andere mit Nähen und, bevor die Nacht einbricht, die die Augen zudrückt und die Köpfchen niederbeugt, lauschen sie zerstreut der erstickten Stimme der Stadt (dem Stundenschlag der Kirchenuhr, dem Quietschen eines Fuhrwerks, dem Pfiff eines Zuges) und, über dem Schwalbenzwitschern und Hundebellen, dem unerwarteten Gelächter eines Kindes, das in der Sonne spielt.

Für die fünfjährige Kleine hat man eine Elfjährige ausgewählt, die im Nachbarbett schläft, ihr das Gesicht wäscht, die Nägel schneidet (falls sie sie nicht bis zur Wurzel abgenagt hat) und sie auf der Toilette säubert. Eine Prozession unzertrennlicher Pärchen zieht, mit vor Kälte aufgesprungenen Füßchen, Kreise im Hof – der Kleineren tropft der Schleim aus der Nase, das Händchen dreht den Kleidersaum ein. Wenn sie weinerlich ist, schimpft die andere: Sei nicht so quenglig! Was willst du denn schon wieder? Und es hagelt Kopfnüsse auf ihr weiches Köpfchen. Das ältere Mädchen mit ihrer Rachitis ist nicht größer als sie. So verschieden sie auch sein mögen, die Augen, die das zarte Gesichtlein ausfüllen, gleichen sich alle – blicken so traurig wie die Erwachsenen.

Einige sorgen gut für ihre Schutzbefohlenen, wie die Henne für ihr Küken. Ach, niemand kann gemeiner sein als ein einsamkeitskrankes Kind: da schlägt ein böses Mädchen die kleine Freundin, verschlingt die wunderbare – wenngleich saure – Orange, die auf weiß Gott welche Weise in die diebischen Fingerchen geraten ist, ohne der Gefährtin einen Schnitz abzugeben, die vor Neid trocken schluckt, und damit nicht genug, spritzt sie ihr den Saft der Schale ins naschhafte Auge. Wenn die Kleinere ins Bett macht, verrät sie sie an die Aufsicht und die stellt sie mitten auf dem Hof zur Schau – das Laken so lange auf dem Kopf, bis es trocknet.

In einer Ecke ratschen zwei Nönnchen, die vom Markt zurückgekehrt sind:

»Die Kleine da ist sehr heikel.«

»Das stimmt. Aber das wird sich hier schon legen.«

Es gibt auch den Pavillon der Alten – es sind neun oder zehn, die niemand hat aufnehmen wollen, die eine ist gelähmt, die andere taubstumm, die andere wegen Kinderlähmung zurückgeblieben –, die isoliert leben und in Mondnächten schreien, im Schlaf schluchzen und keinen Mann sehen können, ohne den Rock hochzuheben. Sie gelten als schwachsinnig und haben doch ihre Obliegenheiten: sie werkeln im Gemüsegarten, spalten Brennholz, ziehen Wasser aus dem Brunnen. Die kleinen Mädchen bestaunen schweigsam die Alten, deren Kopf ebenso schwankt wie der Eimer in ihrer Hand – Narrenelend ist interessant.

Früh am Morgen marschieren sie in Zweierreihen zur Kirche. Bevor sie fortgehen, ziehen sie ihre Hanfschuhe an und laufen fröhlich einher, es ist das einzige Mal, daß sie Hanfschuhe tragen und die Tücken der Wege nicht bemerken. So ziehen sie dahin, die Augen weit aufgerissen unter den Stirnfransen – alle tragen eine kleine Franse auf der bleichen Stirn, mit Ausnahme der kleinen Negerinnen, die deshalb noch unglücklicher sind. Am Schluß gehen die Närrinnen, sie wakkeln mit dem Kopf und haben die grüngehäkelten Häubchen bis über beide Ohren gezogen. Wenn sie auf der Straße einem Pater begegnen, gibt es Unruhe: bei jedem Pater wird die Nachbarin gekniffen.

Sonntags besuchen sie die Neun-Uhr-Messe, die Mädchen, die den Schritt angeben, schlurfen mit den Hanfschuhen, aber nicht zu heftig, um die Sohlen nicht zu verschleißen. Die Närrinnen verstecken ihren schrecklichen zahnlosen Mund und blinzeln vergnügt ein Bildchen der Madonna mit dem Jesuskind an und ergötzen sich an seinem nackten Liebestäubchen. Traurig ist der Rückmarsch: da begegnen sie den Kindern, den anderen, in bunten Taftkleidchen, mit Bändern im langen Haar, hingebungsvoll an einem Eishörnchen lutschend.

Zur Erstkommunion überreicht eine fromme Dame am Eingang des Internats einen Topfkuchen in winzigen Scheiben. Sonntags schmerzt die Einsamkeit mehr: wenn jemand kommt, erinnert das an den Besuch, der nie kommen wird. Vergeblich gehen sie um den Hof herum, singen ganz leise ihre Reigenlieder, ziehen die kleinen Stoffhexen an und wieder aus, kneifen sich unruhig, weinen – nachdem sich der Besuch zurückgezogen hat – und viele bekommen Strafen und müssen auf Maiskörnern knien. Sie beklagen sich nicht – wie die Leute dort draußen –, wenn es am Sonntag regnet: dem Regen zuhören ist angenehm. Ein Blitzstrahl erhellt die Fenster, der Donnerschlag übertönt den leisen Aufschrei der Allerängstlichsten, die Närrinnen schleifen Büchsen unter die Dachtraufen. Einige schlagen der Aufsicht ein Schnippchen und patschen in den Pfützen herum, aus ihrem Haar trieft Wasser. Andere zeichnen Männchen auf die beschlagenen Scheiben.

Sie erfinden Spielzeuge: Käferwettrennen, ein Telefon ist das Deckelchen am straff gespannten Bindfaden, sie beobachten die Ameisen mit ihren Bündeln auf dem Kopf, sperren die Glühwürmchen in Flaschen, um zuzusehen, wie sie an einer dunklen Ecke ihr Laternchen anzünden, und packen ohne Angst vor Warzen an den Fingern Kröten und werfen sie in die Höhe und klatschen in die Hände, wenn sie sie strampelnd zu Boden fallen und zerschmettern sehen.

Ach, wenn die Nacht kommt, schauen die Mädchen, die ausfegen müssen, hinter sich und fegen schneller, die nähen müssen, krümmen ihren Rücken und lassen die Nadel zwischen den zerstochenen Fingern nicht ruhen; diejenigen, die Hand in Hand über den Hof gehen, rücken näher aneinander – sie tun alles, damit die Nacht nicht kommt, die Nacht, die alle verwünschen, die Angst haben. Und die Nacht kommt auf der Schwinge der Sperlinge, die sich zwischen die Blätter drücken, sie kommt mit dem verlorenen Gejaule eines fernen Hundes, sie kommt mit dem Glöckchen im Hintergrund des verdunkelten Korridors, und nach einer Tasse Tee und einer Scheibe kalter Polenta, wenn das letzte Gebet gebetet ist, ziehen sie sich in den Schlafsaal zurück, rollen sich im Bett ein, so daß nur noch die kleinen Nasenspitzen herausschauen. Neben der Tür, die ein Stoffvorhang verbirgt, löscht die aufsichtführende Nonne das Licht. Sie sterben vor Angst in der Finsternis und zu wem, mein Gott, um Hilfe rufen? Sie lauschen den Kröten aus dem Sumpf: schlaf, Mädchen, sonst holt dich der schwarze Mann! Das Krächzen der Krähe auf der Zeder, die Nägel der Fledermaus, die an der Fensterscheibe kratzen – sie holt dich, Mädchen, Hilfe, sie saugt dir den Hals aus!

Diejenigen, die schon größer sind, denken an das Schicksal, das sie erwartet: zurückgegeben werden irgendeinem Verwandten, der sie nicht haben will, Sklavinnen ihrer Chefin, die den Vorratsschrank abschließt, die hübschesten vom Chef und seinem Sohn ausgenutzt. Keine hat die Worte Albertas, der kleinen Negerin, vergessen, die auf den Strich gegangen war: *Meine Novene ist jetzt der Mann.* Im angstbedrängten Herzen hallt die Prophezeiung der Oberin nach: »Der Teufel macht die Welt unsicher. Die einzige Rettung, meine Töchter, ist das Gebet.« Und sie beten und beten, bis sie der Schlaf übermannt.

Gedämpfte Klagelaute einer Kleinen. Winselt so ein in der Nacht verirrtes Hündchen? Hat sie Zahnschmerzen oder Würmer, wer weiß, einfach Angst davor, daß sich eine Verrückte an ihr reiben kommt und sie mit dem Kropf einer alten Frau aufwacht? Niemand kümmert sich darum, die Schluchzer werden seltener, sie schläft ein.

Die Glücklichsten träumen von dem weißen Täubchen. Eine der Närrinnen hatte von ihrem Rollstuhl aus ein Täubchen gezähmt. Wohin sie ging, ging auch das Täubchen, entfernte sich nur zu einem leichten Flug um den Hof herum – dann schnipste die Gelähmte vor Kummer mit den Fingern. Sie hielt eine Stange in der Hand, ganz schmierig vom vielen Darüberstreichen: die Taube war im Kreis von einigen Metern ihre Gefangene. Von der Stange hüpfte sie auf ihre Schulter, beide küßten sich auf den Mund. Die Mädchen bildeten einen Kreis, erschrocken über die Gelähmte und geblendet von dem prächtigen Tierchen, das den Schwanz zum Fächer ausbreitete und sich in roten Galoschen zur Schau stellte. Eines Morgens war das Täubchen tot. Die Gelähmte stöhnte unaufhörlich: den Vogel bewahrte sie in einem Schuhkarton auf, wollte nicht zulassen, daß man ihn beerdigte. Um die Verrückte zu beruhigen, gab man ihr ein anderes weißes Täubchen, und was machte sie? Sie bohrte ihm die Stricknadeln in die Brust.

Das Internat wäre leichter zu ertragen gewesen, wenn sie nicht immer Hunger gehabt hätten; wenn sie sich zu Bett legen, ja selbst noch wenn sie schlafen, hört die eine das Knurren im leeren Magen der anderen. Sie verschlingen den ekelerregenden Fraß – Mandioksuppe. Einmal pro Woche ein Stück Fleisch. Kalte Polenta statt Reis. Wenn ihnen zufällig eine Frucht in die Hände fällt – eine Feige oder Kaki beispielsweise –

verschlingen sie sie samt Schale und allem Drum und Dran, zur Belohnung ist die Zunge belegt. Aus dem Capim-Gras saugen sie die süße Flüssigkeit. Sie essen Erde, einige sogar die Nasenpopel, andere bekommen die Wurmkolik, rollen über den Boden und knirschen mit den Zähnen.

Nicht genug mit dem Hunger, auch noch das abscheuliche Tauchbad, das im langen Hemd genommen wird. Eines der Mädchen erkrankt, wird in einem dunklen Zimmerchen isoliert, man kann nichts machen außer warten, daß es zu Ende geht. Sie umstehen die Sterbende und beten den Rosenkranz, die Leiche wird in der eigenen Kapelle aufgebahrt, der Friedhof ist ganz nahe.

Eben damals kam der Vater zurück, um die Tochter zu besuchen und mitzunehmen. Als er im Hof wartete und unter so vielen ihre vertraute Stirnfranse suchte, bemerkte er kaum die bebrillte Nonne, die ihm mit monotoner Stimme anriet, stark zu sein und seinen Glauben zu bewahren: das kleine Mädchen, die Ärmste, tot und begraben. Ein bösartiges Fieber. Er war auf einer weiten Reise, wie hätte man ihn verständigen können?

Der Spion konnte auf den Lippen des Vaters lesen, was dieser nicht aussprach: »Wenn sie doch zu Hause geblieben wäre, in meiner Nähe.« Einsam mußte sie ihr Leben beschließen und glauben, er habe sie verlassen. Ohne der bebrillten Nonne zuzuhören, drehte der Mann an seinem Trauring auf dem rötlichbehaarten Finger.

Eine Kerze für Dario

Dario kam eiligen Schrittes einher, den Regenschirm am linken Arm und, sobald er um die Ecke gebogen war, ging er immer langsamer, blieb schließlich stehen und lehnte sich an die Wand eines Hauses. An ihr hinabgleitend setzte er sich auf den Bürgersteig, der noch regenfeucht war, und legte die Pfeife auf den Stein.

Zwei oder drei Passanten traten näher und erkundigten sich, ob er sich unwohl fühle. Dario öffnete den Mund, bewegte die Lippen, aber Antwort hörte man keine. Der dicke, weißgekleidete Herr vertrat die Ansicht, er habe einen Anfall erlitten.

Er neigte sich noch ein wenig weiter zurück, lag nun ausgestreckt auf dem Bürgersteig, und die Pfeife war ausgegangen. Der junge Mann mit dem Schnurrbart bat die übrigen, zurückzutreten und ihn atmen zu lassen. Er öffnete Dario das Jackett, den Kragen, die Krawatte und den Gürtel. Als man ihm die Schuhe auszog, röchelte Dario schlimm, und Schaumblasen stiegen in seinen Mundwinkeln auf.

Jeder Vorübergehende, der hinzutrat, stellte sich auf die Fußspitzen, obwohl er ihn nicht sehen konnte. Die Anwohner der Straße unterhielten sich von Tür zu Tür, die Kinder wurden aufgeweckt und liefen im Schlafanzug ans Fenster. Der dicke Herr wiederholte, Dario habe sich auf den Bürgersteig gesetzt, an seiner Pfeife gezogen und den Schirm an die Wand gelehnt. Aber weder Regenschirm noch Pfeife waren neben ihm zu sehen.

Die kleine grauköpfige Alte rief, er läge im Sterben.

Eine Gruppe von Leuten schleifte ihn zum Taxi an der Straßenecke. Als die Hälfte des Körpers im Taxi lag, protestierte der Chauffeur: wenn er während der Fahrt stürbe? Man kam überein, die Ambulanz zu rufen. Dario wurde wieder zurückgeschleppt und an die Wand gelehnt – ohne die Schuhe und ohne die Perlennadel in der Krawatte.

Jemand erwähnte die Apotheke eine Straße weiter. Sie schafften Dario nur bis an die Straßenecke; die Apotheke lag am Ende des Häuserblocks, und außerdem war er sehr schwer. Man setzte ihn an der Tür eines Fischladens ab. Ein Schwarm von Fliegen bedeckte sein Gesicht, ohne daß er eine Bewegung machte, um sie zu verscheuchen.

Das nächste Café füllten Leute, die den Zwischenfall begutachten wollten und dabei, essend und trinkend, den Zauber der Nacht genossen. Dario blieb so schief liegen, wie man ihn niedergesetzt hatte, auf der Türschwelle des Fischladens, ohne die Armbanduhr.

Ein dritter schlug vor, man solle seine Papiere prüfen, die man – nebst verschiedenen anderen Gegenständen – aus seinen Taschen geholt und auf dem weißen Hemd ausgebreitet hatte. So erfuhren sie Namen, Alter, Geburtsdatum. Die Adresse in der Brieftasche war nicht von dieser Stadt.

Ein Auflauf von mehr als zweihundert Neugierigen war zu verzeichnen, die zu dieser Stunde die ganze Straße und die Bürgersteige füllten: die Polizei rückte an. Der schwarze Wagen fuhr in die Menschenmenge hinein. Verschiedene Leute stolperten über Darios Körper, der siebzehnmal getreten wurde.

Der Schutzmann näherte sich der Leiche und konnte sie nicht identifizieren – die Taschen waren leer. Blieb der goldene Trauring an der linken Hand, den er selbst – als er noch lebte – nur mit Seife angefeuchtet abziehen konnte. Man entschied, es sei ein Fall für den Leichenwagen.

Der letzte Mund wiederholte – Er ist tot, er ist tot. Die Leute begannen sich zu zerstreuen. Dario hatte zwei Stunden zum Sterben gebraucht, niemand glaubte, daß es mit ihm zu Ende ging. Jetzt sah er für alle, die ihn sehen konnten, wirklich wie ein Toter aus.

Ein mitleidiger Herr zog Dario das Jackett aus, um seinen Kopf hochzubetten. Er kreuzte ihm die Hände auf der Brust. Er konnte weder seine Augen zudrücken noch seinen Mund schließen, von dem der Schaum verschwunden war. Nur ein Toter, die Menge ging auseinander, die Cafétische leerten sich. In den Fenstern lagen noch einige Anwohner, die Ellenbogen auf Kissen gestützt.

Ein barfüßiger kleiner Farbiger kam mit einer Kerze und zündete sie neben der Leiche an. Dario schien vor vielen Jahren gestorben zu sein, wirkte fast wie das Bild eines vom Regen ausgebleichten Toten.

Die Fenster schlossen sich eines nach dem anderen, und drei Stunden später lag Dario noch immer da und wartete auf den Leichenwagen. Der Kopf lag jetzt auf dem Stein, ohne das Jackett, und der Finger war ohne den Trauring. Die Kerze war bis auf die Hälfte heruntergebrannt und erlosch bei den ersten Tropfen des Regens, der wieder eingesetzt hatte.

Die Stadt war stolz auf ihren Marktplatz mit Kirche, Krankenhaus, Apotheke, Kurzwarenhandlung, Porträtfotograf, zwei Mietwagen und der Büste des Helden auf dem Rosenbeet. Alte Häuser aus Hohlziegeln, die offene Tür führte auf den dunklen Korridor, wo nachts ein Lampenschirm aus buntem Seidenpapier schimmerte. Neben der Kirche, einen Teil des Marktplatzes erhellend, die beiden festlichen Türen der Apotheke Santo Expedito.

Jonas war Diamantensucher, Berufsspieler gewesen, hatte einen Menschen umgebracht. Er kam mit jener Frau in unsere Stadt. Von ihrem Bräutigam verlassen, hatte sie in einem Kabarett getanzt; sie heirateten und bekamen drei Kinder. Der alte Apotheker starb, Jonas kaufte die Apotheke von der Witwe.

Im kleinen Hinterzimmer, dessen eines Fenster auf die Gasse ging, richtete er das Laboratorium ein. Er hantierte mit Salben, gab Spritzen, erfand ein Wachs gegen Zahnschmerzen. Er sägte den Ring vom geschwollenen Finger der schwangeren Frauen. Die Armen zogen ihn dem Arzt vor: er beseitigte Spulwürmer bei den Kindern, besprach Warzen, verwünschte Würmer in Tierwunden. Mit der Zauberrute zeichnete er ein Kreuz auf die Wunde – die Würmer fielen ab wie reife Buticaba-Früchte.

Anita half am Ladentisch oder versetzte, den Kopf unter den Glasstäbchen der Wohnzimmerlampe, das Tretrad der Nähmaschine in heftige Bewegung – ein Pflaster auf der Krampfadergeschwulst am Bein.

Wenn die Maschine stillstand, konnte Jonas vom Ladentisch aus im Schauer der Brise das Klappern der blauen Stäbchen hören.

Er verbrachte die Nacht spielend und trinkend im Club. Er verlor seine Ersparnisse beim Pokern, war gezwungen, Wechsel zu unterschreiben. Wartete der Gerichtsschreiber nicht darauf, daß er sich Spielmarken kaufte, um dringende Vertragsabschlüsse vorzuschützen? Hatte seine Frau nicht das Pflaster vom Bein abgenommen? Er verlangte eine Spielmarke, sah Ernesto weggehen und ging ihm, unter dem Vorwand, ein Rezept anfertigen zu müssen, bis zur Apotheke nach. Das Licht im Korridor ging an und wieder aus: der Schreiber trat ein. Nach fünf Minuten folgte ihm Jonas. Er öffnete die Tür, fand seine Frau im Morgenrock mit geschminktem Mund. Hatte Ernesto die Schritte auf dem Korridor gehört?

Am nächsten Tag ging die Frau zum Fotografen. Jonas bohrte ein Loch in die Zimmerwand, das er mit einer Pille verstopfte. Er teilte Anita mit, er müsse ein krankes Tier einsegnen, sie solle ihn nicht vor Mitternacht erwarten. Er band das Pferd an einen Baum und versteckte sich, durch die Gasse zurückkehrend, im Vorgarten. Er nahm die Pille heraus und spähte in das dunkle Zimmer. Wieder das Licht im Korridor, es ging aus und wieder an. Jonas hielt sein Auge an das Loch und hatte die Pille in der Hand, bis er sie hinunterschluckte: die Frau trat ein, der Schreiber ohne Jackett. Jonas lief fort und holte zwei Nachbarn zur Bestätigung des »in flagranti«. Sie kamen barfuß, im Umhang, spähten nacheinander durch das Loch.

»Ich bringe sie um«, sagte er leise, den Revolver in

der Hand.»Warum bringe ich sie nicht sofort um?«

Die Nachbarn machten ihm Zeichen, die Liebenden nicht zu erschrecken. Jonas stürmte mit Gebrüll ins Zimmer, die Zeugen hinter ihm. In der allgemeinen Verwirrung flüchtete Ernesto durch das Fenster. Er ließ seine Uhr auf dem stummen Diener liegen; es war ein wertvolles Andenken, mit Sprungdeckel und dem Porträt seiner eigenen Frau. Jonas knipste alle Lampen an. Die Kinder kamen weinend die Treppe zum Dachboden herunter. Anita packte ihren Koffer, er ging zum offenen Fenster, schoß zweimal in die Luft. Sie reiste mit dem Morgenzug ab.

Jonas schloß sich mit den Kindern ein, der jüngste Sohn glühte vor Fieber. Vergessen am Draht des Vorgartens hingen zwei Hemden und ein Frauenschlüpfer. Er nahm sie nicht ab; bei Wind blähten sich die Ärmel wütend, der Regen riß sie herunter, die Hühner traten darauf herum.

Jonas' Plan, munkelten böse Zungen, lief darauf hinaus, die Kinder unter seinen Verwandten aufzuteilen und sich, da die Apotheke kurz vor dem Bankrott stand, aus dem Staube zu machen. Drei Tage später tauchte Anita mit einer alten Tante wieder in der Stadt auf. Die Frau saß auf ihrem Koffer auf dem Marktplatz, und die Tante flehte Jonas an, er möge sie, aus Liebe zu den Kindern, wieder zu sich nehmen. Die Alte fuhr am gleichen Nachmittag allein ab.

Neugierige kamen und kauften Aspirin, Watte, Kämme; nur er stand am Ladentisch, das Wohnzimmer blieb leer, kein Kinderweinen. Geschlossene Fenster, die Stadt fragte sich, wie diese Leute atmen konnten.

Die älteste Tochter machte die Einkäufe. Vergiftete Jonas seine Frau ganz allmählich? Der Neger Antenor, Wächter auf dem Marktplatz, sah sie für einige Augenblicke am Fenster der Bodenkammer stehen. Ein Zirkus kam in die Stadt. Jonas erschien mit den Kindern, einige Leute lobten seine edlen Gefühle. Andere räumten ein, daß sie gekämmt und anständig gekleidet waren – Anitas Hand.

Der Schreiber machte einen Bogen um den Häuserblock, mied die Apotheke. Die Stadt wartete zitternd auf die Stunde, in der sich beide begegnen würden.

»Sehen Sie nur«, sagte einer, »Ernesto geht durch die andere Straße.«

Oder auch:

»Er hat oft nach dem Fenster der Apotheke geschaut.«

Anita, so wurde allgemein angenommen, saß gefangen auf dem Dachboden, ohne jemals die Treppe herabzusteigen. Die Apotheke war ein Graus – leere, verstaubte Borde – vom alten Bestand nur noch St. Johannes-Sirup.

Der Türke von der Kurzwarenhandlung fand, als er ein Zicklein schlachtete, zwei Herzen in seiner Brust. Jonas bat sie sich aus, um sie auf dem Ladentisch der Apotheke auszustellen. Die Stadt erkannte in dem roten Glasbehälter, klein vor Angst, die Herzen der Frau und ihres Liebhabers.

Durch das erleuchtete Fensterchen des Laboratoriums konnte man von der Gasse aus erkennen, daß Jonas ein Schriftstück mit zitternder Hand überprüfte. Einer von uns behauptete, es sei ein weißes Blatt: den

Abschiedsbrief zu schreiben fehlte ihm der Mut. Am Nachmittag jagte er Kröten im Sumpf, hielt sie im Waschtrog gefangen. Probierte er an den Tieren aus, wie er seine Frau umbringen könnte? Die Kröten wurden fetter und sprangen, sobald sie Jonas' Schritte hörten, in eine Ecke des Trogs, ihre Backentaschen pochten vor Schreck.

Des Nachts heulte der Meereswind, der Unglück ankündigte, die Spinnweben zerfetzte, den Frauen die Röcke aufhob. Vom Kirchturm herabflatternd, schwirrten die Fledermäuse auf dem Marktplatz umher – ihre schrillen Schreie hallten in den Korridoren wider, und die Mütter verhüllten die Hälse der Kleinkinder. Der Apotheker und der Schreiber gingen auf die gleiche Straßenecke zu. Jonas riß sein Schielauge auf. Ernesto, auf dem linken Bein hinkend, entzog sich der Begegnung.

Im Sommer saßen die Hausbewohner in Strohstühlen auf dem Bürgersteig. Die dicken Frauen fächelten sich Luft zu, die alten Männer kratzten ihr Ekzem auf dem Fuß mit den dicken blauen Adern. So groß war die Stille, daß die Frau des Richters, die an einem Tuch stickte, bekümmert den Kopf aufhob: im Aquarium schnappten die roten Fischchen nach Luft. Auf dem Marktplatz stand Jonas, die Daumen in den Hosenträgern; er weigerte sich, infizierte Warzen zu besprechen oder das berühmte Wachs zu verkaufen, es war ihm einerlei, daß ihm die neue Apotheke die Kundschaft wegnahm. Der Sirup ging zu Ende, dennoch öffnete er jeden Morgen die Türen. Er holte die Uhr des Schreibers heraus, bewunderte das Porträt der anderen Frau. Abends zündete er nicht mehr die Lichter an.

An einem stillen Nachmittag drang er, den Dolch in der Hand, in die Kanzlei ein. Ernesto war mit seiner Familie geflüchtet, hatte die Kanarienvögel verlassen. Jonas schüttete das Wasser der Käfige aus. Die Vögelchen wurden tot aufgefunden, verwundet durch den Draht, die Näpfe übersät mit gelben Federn. Seine Rache wandte sich gegen die Stadt. Eines Nachts fand der Neger Antenor alle Rosenstöcke des Marktplatzes entwurzelt. Die Hunde wurden mit Fleischkügelchen vergiftet; es war so viel Arsenik darin, daß sie sich in Zuckungen wanden, ohne zu winseln. An die Kirchentür hatte man Flügel genagelt, eine Fledermaus mit einer Zigarette im Schnabel.

Wenn er zu solchem Haß gegen Vögel, Hunde, ja selbst gegen das Haus Gottes fähig war, was mochte er dann seiner Frau antun? Auf dem Faschingsball führte er sie vor, gekleidet in schwarzen Satin, den Mund stark geschminkt. Jonas hatte sich einen Schnurrbart wachsen lassen, das Haar ging ihm aus, zwei Schweißtropfen standen auf seiner dicken roten Nase. Sie mischten sich nicht unter die Karnevalsgruppen; nur ab und zu tanzten sie einen Marsch. Anita trank Himbeerlimonade, sprach mit versagender Stimme, ohne daß er ihr Antwort gab. Er zog die Uhr aus der Weste, sie war stehengeblieben und nie wieder aufgezogen worden; er öffnete den Deckel und liebäugelte mit dem Porträt. Die Niederträchtigen zischelten:

»Sie ist so blaß, so mager.«

Am nächsten Morgen war Jonas tot. Ob ihn Anita vergiftet hatte oder ob er aus Versehen den Teller mit dem Arsenik gegessen hatte, das für sie bestimmt war? ... Anita weinte bei der Beerdigung, sie erschien im schwarzen Satinkleid, mit stark geschminktem Mund unter dem Schleier. Nachts erleuchtete das Haus, das sechs Monate lang dunkel geblieben war, wieder eine Ecke des Marktplatzes und zog die großen Käfer an, die beim Niederfallen mit dem schwarzen Rückenpanzer auf dem Stein aufschlugen und mit den Beinchen in der Luft strampelten. Zur Empörung der Stadt ging das Licht auf dem Korridor wieder an und aus. Hatte Anita nichts von der Flucht des Schreibers erfahren?

Anderntags öffnete sie die Apotheke; du hättest nicht gewagt, einen Lutscher oder eine Zahnbürste zu kaufen. Sie saß hinter dem Ladentisch, die goldbraunen Augen im Halbdunkel. Zuweilen ging sie bis zur Tür: eine fette dunkelgraue Ratte huschte über die Straße, von der Kirche zum Krankenhaus. Nur ein Mestize bat um ein Glas Wasser.

Samstags brachten die Leute aus dem Landesinneren, die ihre Vorräte einkauften, ihre Kinder mit, damit sie den grünen Blechsoldaten kennenlernen sollten, der an dem Mast an der Straßenecke lehnte. Ohne vom Leiterwagen abzusteigen, aßen die Frauen im farbigen Kopftuch Brot mit Rauchwurst und reichten ihren Kindern die Brust.

Jonas' Verwandte verlangten die Herausgabe der Kinder. Anita übergab sie ohne eine Träne, blieb allein im Hause. Es war ein Geheimnis für die Stadt, wie sie sich ernährte. Alle Tage stand sie dort hinter dem Ladentisch. Sie wurde nicht müde, den Marktplatz zu beobachten, rauchte eine Zigarette nach der anderen, die Augen fast geschlossen, wegen der Sonne oder wegen des Rauches. Die Kinder liefen, wenn sie Brot kaufen gingen, im Laufschritt an ihrer Tür vorbei.

Leuchtete das Fenster des Kurzwarenladens auf, so wußte die Stadt, daß jemand gestorben war: der Tischler begab sich auf die Suche nach Tuch, Sargnägeln, Griff und Schloß (wenn der Sarg in der Kirche versiegelt worden war, verwahrte der Erbe den Schlüssel am violetten Bändchen). Die Hammerschläge ließen die alte Ratte, die sich im gelben Staub wälzte, neugierig und mit zufriedenem Schwänzchen innehalten.

Auf der anderen Seite des Marktplatzes lag das Krankenhaus. Der Kranke trat durch die Vordertür ein und kam aus dem Gassenportal wieder heraus – der rohe Brettersarg eingehüllt in schwarzes Tuch. Auf dem Leiterwagen hatte man ihn gebracht, im Sterben liegend, ein weißes Tuch bald um die Stirn, bald ums Kinn gebunden. Die Angehörigen stiegen ab, redeten mit dem Arzt und sorgten für das Zimmer. Die Negerburschen hörten das Röcheln des Sterbenden und kletterten auf die Räder.

Bevor der Leichenzug auf den Marktplatz einbog, stieg der Sakristan die Wendeltreppe empor und läutete die Glocke. Wenn der Leichenzug vorüberkam, schlossen die Geschäfte ihre Türen. Die Männer wechselten sich an den Sarggriffen ab: der Friedhof war nahe, aber der Tote schwer.

Anita stieg barfuß in den Zug, einen Lackschuh in jeder Hand, um sie nicht einzustauben. Auf der Suche nach dem Schreiber, munkelte man. Am nächsten Tag kam sie zurück, öffnete die Apotheke, begab sich hinter den Ladentisch. Ein Handelsreisender trat ein, um einen Kamm zu kaufen, vielleicht auch angezogen von der einsamen Frau. Obwohl er mit ihr sprach, war die einzige Antwort das Gelächter der blauen Glasröhrchen.

Der Briefträger ging schiefschultrig mit seiner Tuchtasche vorbei: der Zug war gekommen. Leute strömten von weither herbei, um ihn zu sehen. Im Dämmerlicht wirkte der kleine Zug mit den vielen erleuchteten Fenstern schön. Auf dem Bahnhof beugten sich die Reisenden heraus, um nach den Tapioka-Keksen zu greifen, die die Kinder in auf dem Kopf getragenen Körben feilboten. Wenn die Glocke ertönte, setzte der Bahnhofsvorsteher die rote Mütze auf. Der Zug verschwand mit einem Funkengeprassel, das im Sommer die Felder in Brand setzte, und der Pfiff klang so traurig, daß die alten Frauen am Herdfeuer das Kreuz schlugen.

Auf dem Wipfel der Pinie bewegten sich die obszönen kleinen Kahlköpfe der Raben. Von der Haustür aus riefen die Mütter die jungen Bengel, die auf dem Feld Fußball spielten oder vom Bahnhof zurückkamen, schweigsam, mit verlorenem Blick, weil sie den Zug gesehen hatten. Anita hörte die liebevollen, bekümmerten Rufe, ohne um ihre eigenen Kinder weinen zu können.

Die Stille wuchs in der Tiefe der Gasse, unter dem alten Pfirsichbaum, ein kleines Kreuz stand neben ihm, es war der Baum der Ungeborenen – die Fötusse wurden zwischen seinen Wurzeln vergraben. Die Stadt deckte das tödliche Geheimnis zu. Von allen vergessen, unterhielt sich der Neger Antenor an der Ecke mit dem grünen Soldaten. Dem Licht ausweichend, das anging und wieder erlosch, legte er sich zu Füßen des Helden nieder und hörte das Gras wachsen.

Ach, ich hätte sogar Lust zu sterben. Sehn Sie nur, ihr Mündchen schreit nach einem Kuß – der Kuß einer Jungfrau gleicht dem Biß eines Feuersalamanders. Vierundzwanzig Stunden lang schreist du und fällst dann in eine beglückte Ohnmacht. Sie ist ein Mädchen, das sich die Lippen mit der Zungenspitze anfeuchtet, um aufregender zu wirken. Warum hat Gott die Frauen zum Seufzer des jungen Mannes und zum Grab des alten geschaffen? Das ist nicht gerecht für einen Sünder wie mich. Ach, ich sterbe, wenn ich sie nur anschaue, stell dir vor, was erst geschähe, wenn ... Nein, stell dir gar nichts vor, betrunkener Papagei! Es ist elf Uhr morgens, den heutigen Tag überlebe ich nicht. Wenn ich mich ihr näherte, ganz ohne Hintergedanken – ach, Liebe, es ist nur ein trockenes Blatt im Wind – und ganz sachte an das kleine Luder lehnte. Ich glaube, dann müßte ich sterben: ich schließe die Augen und zerschmelze vor Wonne. Ich verlange von der Welt nur zwei oder drei für mich allein. Wenn ich vor ihr stehe, bezaubert sie möglicherweise mein Schnurrbärtchen. So eine Gemeinheit! Sie hat so getan, als sähe sie mich nicht: da fliegt ein Schmetterling über meinem närrischen Kopf. Sie schaut durch mich hindurch und liest die Filmreklame an der Mauer. Bin ich eine Wolke oder ein trockenes Blatt im Wind? Verwünschte Zauberin, ich möchte sie bei lebendigem Leibe, in einem langsamen Feuer, verbrennen. Sie kennt kein Mitgefühl in ihrem rabenschwarzen Herzen. Sie weiß nicht, was das heißt, stöhnen vor Liebe.

Man sollte sie mit dem Kopf nach unten aufhängen und ausbluten lassen.

Wenn sie nicht will, weshalb stellt sie dann ihre Reize zur Schau, anstatt sie zu verstecken? Ich werde ihr die Halsschlagader aussaugen. Bis dahin schlürfe ich meine Cognacs. Wegen einer hergelaufenen Hündin, die ganz ungestraft ihre Reize spielen läßt. Ich saß doch ganz still in meiner Ecke, sie hat angefangen. Niemand soll sagen, ich hätte einen Sparren. Im Innersten jedes jungen Mannes aus guter Familie schlummert ein Vampir – er darf nur kein Blut schmecken! Was gäbe ich darum, ein Eunuch zu sein! Kastriert als Fünfjähriger. Halt deinen Mund, Unglücksrabe! Ein Engel könnte dazu Amen sagen. Es bringt mich um, hübsche Mädchen zu sehen – und es gibt so viele davon. Verzeihen Sie die Indiskretion, Liebste, wollen Sie mein Traumfutter den Ameisen überlassen? O Sie gestatten doch, meine Rosenblüte? Nur ein klein bißchen, nur ein Küßchen. Noch eines, nur noch eines. Und noch eins. Es tut gar nicht weh, falls es wehtut, will ich stracks tot zu Ihren Füßen niedersinken. Beim himmlischen Vater, ich tue Ihnen nichts Böses an – mein Spitzname ist Nelsinho der Taktvolle.

Verschleierte Augen, die flehen und flüchten, sobald sie in den Brillengläsern das aufflackernde Verbrechen entdecken. Schmeichelnd und sanft mit ihnen umgehen. Äußerst zuvorkommend sein. Meine Ungeduld stürzt mich ins Unglück, wie viele habe ich schon mit einer überstürzten Geste abgeschreckt? Meine Schuld ist es nicht. Sie haben auf dem Gewissen, was ich bin – hohl wie faules Holz, in dem Spinnen, Kobras, Skorpione gedeihen. Immer müssen sie sich herausputzen, schminken, im Taschenpiegelchen anbeten. Wenn sie das nicht tun, um einen armen Schlucker aufzureizen, weshalb dann? Sehet die Töchter der Stadt, wie sie wachsen und blühen: sie arbeiten nicht und sie spinnen nicht und sind doch hübsch mollig. Die dort gehört zu den lüsternen Frauen, die sich gern kratzen. Hör nur das Scharren des Fingernagels auf dem Seidenstrumpf! Wenn sie mir doch den ganzen Leib zerkratzen wollte, daß das Blut aus der Brust strömt. Hier ruht Nelsinho, der an einem Anfall krepiert ist. Genius des Spiegels, gibt es in ganz Curitiba jemand, der unglücklicher ist als ich?

Schau nur nicht hin, Unglücksmensch! Schau nicht hin, sonst bist du verloren. Sie gehört zu den Mädchen, die sich ein Vergnügen daraus machen, junge Männer zu verführen. Ganz in Schwarz, schwarze Strümpfe, oh làlà. Waisenkind oder Witwe? Wenn der Gatte begraben ist, verbirgt der Schleier die Pickel, die über Nacht das Gesicht entstellen – die Masern der akuten Witwenschaft. Voller Wut läßt sie den Milchmann und den Bäcker zu sich ein. Viele Nächte wälzt sie sich im Ehebett, fächelt sich mit dem Fächer, der nach Baldriantropfen riecht, Luft zu. Eine andere geht in den Kleidern ihrer Köchin auf der Straße auf Soldatenjagd. Sie ist ganz in Schwarz gekleidet, die Quarantäne der Trauerzeit. Sieh nur ihren kurzen Rock, manchmal rafft sie ihn am Knie hoch. Ach, dieses Knie ... Rundlich, sanfter gerundet als ein reifer Pfirsich. Ach, wenn ich das violette Strumpfband wäre, das den weiß phosphoreszierenden Schenkel preßt! Oder der Schuh, der ihren Fuß drückt. Und als Schuh von der Herrin des Füßchens zerdrückt würde und unter Seufzern stürbe! Wie ein Kater!

Sieh nur, ein Wagen hält an. Gleich steigt sie aus. Stellung beziehen! Ach, Liebe, tu das ja nicht: ich habe alles gesehen. Reinste Verstellung, der Gatte kommt, der geborene Hahnrei. Lockt den armen Burschen an, damit der mit seiner Frau ins Bett geht. Er begnügt sich damit, neben dem Bett zuzuschauen – ich glaube, er hat Hemmungen. Im Grunde ist er ein Held mit edlen Gefühlen. Der Kerl aus der Bar, dem ist das so gegangen. Ist der da auch so einer? Donnerwetter, wie wild er dreinschaut! Manche ziehen Jungen vor, er auch? Gott bewahre mich, einen anderen Mann zu küssen, noch dazu mit Schnurrbart und nach Zigaretten riechend. Auf der kleinen Zungenspitze filtert die Frau den Honig, der den Kolibri berauscht und den Vampir in Raserei versetzt.

Frühmorgens geht die Jungvermählte einkaufen. Mit Gold geschminkt, in Federn gekleidet, in Federschmuck und Hermelin – alles mit den Zähnen zerreissen und ihr nur das Haar auf dem Leibe lassen. Nacktes, molliges Ärmchen – wenn sie nicht will, weshalb zeigt sie es, statt es zu verhüllen –, mit einer Nadel zeichne ich eine unanständige Tätowierung ein. Erbarm dich, Herr, ihrer sind so viele, und ich so allein.

Da kommt eine angehende Volksschullehrerin. Eine verkleidete Nutte? Wenn ich doch das berühmte Bordell finden könnte! Da defilieren sie alle in Blau und Weiß – Madonna mia! –, in schwarzen Strümpfen, mit violetten Strumpfbändern durch den Spiegelsalon. Tu das nicht, Liebling: sonst fange ich gleich an zu schweben: meine zwanzig Jahre sind zu allem fähig.

Sieh nur, neun Zentimeter über dem Erdboden würde ich davonfliegen, wenn nicht der Ballast des Liebestäubchens wäre. Mein Gott, wenn ich nur rasch alt würde! Augen zu, eins, zwei, drei gezählt und, wenn ich die Augen wieder öffne, ein Greis mit weißem Bart. Aber täusch dich nicht, betrunkener Papagei! Selbst einem Patriarchen ist nicht zu trauen, schließlich gibt es kalte Duschen, Aufputschmittel und den magischen Ring – ich habe schon Familienväter gekannt ...!

Wenn mich ein Auto überfahren würde und die Polizei diese Bilderkollektion in meiner Tasche fände? Man würde mich lynchen wie einen Geistesgestörten, die Schande der Stadt. Mein Pate würde mir nie verzeihen: das Kind, das seine Spur im Wald mit Brosamen anzeigte. Bald ein Foto in der Zeitschrift des Zahnarztes. Bald ein Brief an eine kleine Sieben-Tages-Witwe. Stell dir den Schreck, die gespielte Scham, die Stunden der Raserei in ihrem Alkoven vor – bei dem Wort Alkoven spüre ich einen Knoten in der Kehle.

Jede Familie hat eine brünstige Jungfer im Zimmer. Sie kann mich nicht täuschen, das durchtriebene Biest: Ein Sitzbad, drei Litaneien und dann tritt sie ans Fenster und glotzt den erstbesten Mann an. Dort wird sie alt, die Arme auf das Kissen gestützt, die alte Jungfer in ihrer Formolwanne.

Warum die Hand in der Tasche, Liebste? Eine behaarte Werwolfhand. Schau jetzt nicht hin! Häßliche Fratze, verlorene Liebesmüh. Zu spät, ich habe die Blonde schon gesehen: unter dem Gewicht der reifen Kolben wogendes Maisfeld. Mit Wasserstoffsuperoxyd blondiert, die Brauen schwarz – und da soll einer nicht auf seinen Nägeln kauen? Durch dich werde ich größer als der Motorradfahrer in der Todeskammer auf der Kirmes. Laß sein, sie will einen hübschen Lakkel mit Schnurrbart. Nun, einen Schnurrbart habe ich auch. Ich bin nicht hübsch, aber sympathisch, gilt das vielleicht nichts? Eine Schande in meinem Alter. Schon trabe ich hinter ihr her, wie als Kind hinter der Blaskapelle.

Verächtlich geht sie dahin, ihr entschlossener Schritt sprüht Funken aus den Steinen. Wie Attilas Stute – wo sie hintritt, wächst kein Gras mehr. Spürt sie nicht den Speichel meines Auges auf dem Arm? Wenn es eine Kraft des Gedankens gibt, spürt sie im Nacken die sieben Küsse der Leidenschaft.

Schon ist sie weit weg. Sie hat nicht die Asche des Schwalbenherzens in der Rose gerochen. Die Blonde, die Närrin, gibt sich sofort hin. O Fledermaus, o Schwalbe, o Fliege! Madonna mia, sogar die Fliegen sind Mittel zum Genuß – wie vielen habe ich die Flügel ausgerissen! Es schreit gen Himmel: muß ich nicht Pickel im Gesicht haben?

Ich verachte euch, grausame Jungfrauen. Alle könnte ich genießen – und nicht eine hat mich mit wolluströhrehten Augen angeschaut. Ja, wenn ich ein unsauberer gehörnter Bock wäre, würden sie herankriechen und meinen haarigen Schwanz küssen. Nun gut, so bleibt mir nur noch der Tod. Ruhe, junger Freund: wenn jemand die Wanderpyramiden des Cheops, Chefren und Miquerinos bewundert, kümmert er sich um das Blut der Sklaven? Steh mir bei, Gott! Erspar mir die Schande, Herr, mitten auf der Straße zu weinen! Ein armer Bursche unter dem Fluch seiner zwanzig Jahre. Blutegel in einem Glas sammeln und sie sich in der Stunde der Gefahr auf den Nacken setzen?

Wenn der Blinde nicht den Rauch sieht und nicht raucht, o Gott, so stich mir deine feurige Nadel ins Auge. Kein räudiger Hund mehr sein, der von Flöhen gequält wird, der um sich selber kreist, um sich in den Schwanz zu beißen. Zum Abschied – o wonnige Rundungen – vergönn' mir das letzte Weibchen, das dort geht. Im Tausch für die letzte Frau springe ich in die Feuersglut – mit nackten Füßen. Ach, ich hätte Lust zu sterben. Ihr Mündchen verlangt nach einem Kuß – der Kuß einer Jungfrau gleicht dem Biß eines Feuersalamanders. Vierundzwanzig Stunden lang schreist du und dann sinkst du in eine beglückte Ohnmacht.

Nelsinho ließ das Päckchen an dem blauen Bindfaden kreisen und blieb vor dem schmutzigen Gebäude stehen. Er überprüfte die Adresse auf dem Päckchen – o geheiligte Mütter von Curitiba! Entlang dem düsteren Korridor der muffige Geruch nach Abfall in den Winkeln. Wenn doch Dona Alice nicht zu Hause wäre – vier Uhr nachmittags, der Zeitpunkt war absichtsvoll gewählt –, dann könnte er, vor der Familie gerechtfertigt, das Geschenk beim Hausmeister abgeben. Wäre frei für seine goldglänzende Dame in der Matrosenbar.

Ruckelnd quälte sich der Lift zum zweiten Stockwerk. Wäre er nicht ein Held an Charakterstärke, so würde er das Päckchen dort an der Tür liegenlassen und – auf Wiedersehen, Dona Alice. Er seufzte leise – schließlich war sie seine erste Lehrerin gewesen, hatte ihm Lesen, seinen Namen schreiben, die vier Grundrechnungsarten beigebracht – und drückte auf die Klingel. Kein Laut auf der anderen Seite. Er wußte, was eine alte Lehrerin war, sie sieht in dir den ewigen kleinen Jungen mit kurzen Hosen. Unmöglich konnte er seinen Auftrag ausführen und sich verabschieden: das Päckchen war der Apfel am ersten Schultag. Sie würde ihn nicht gehen lassen, ohne ihm eine Tasse Kaffee aufzudrängen und die Kümmernisse einer alten Jungfer mitzuteilen. Ich werde noch einmal klingeln, und, wenn sie nicht aufmacht, stehle ich mich davon. Er betastete den Gegenstand – weich, ein Schal? – und beschloß, ihn auf der Türschwelle abzulegen. Zu spät:

müde Pantoffeln schlurften gedämpft heran. Zwei Umdrehungen im Schloß – eine gut verriegelte alte Jungfer.

»Wie geht es Ihnen, Dona Alice? Erinnern Sie sich an mich?«

Auf dem mageren Körper das dickliche Gesicht, schlaftrunken, kränkliche Schatten unter den Augen. Durch die Türspalte drang eine heisere Stimme, das Gesicht kenne sie wohl, an den Namen entsinne sie sich nicht.

»Nelsinho aus Curitiba. Ihr Schüler in der Tiradentes-Schule.«

Sie machte die Tür sperrangelweit auf und lächelte mit gelblichen Zähnen:

»Junge, was bist du groß geworden! Mein Gott, wie die Zeit vergeht.«

Eine alte Schachtel – eine Laus, die sich der Axt des Studenten darbietet. Es überraschte ihn, daß sie kleiner war als er. Er erinnerte sich gut, Regenbogen ihres nackten Arms vor der schwarzen Tafel im Hintergrund, ein Büschel blauer Glyzinien durchduftete das Schulzimmer – o je, wie hübsch war sie dem kurzsichtigen Auge der Kindheit erschienen! Auf ihren Tuchpantoffeln reichte sie ihm gerade bis an die Schulter – das gleiche vorstehende Zähnchen, der Schatten eines Bärtchens auf dem ungeschminkten Gesicht.

»Samstags halte ich nach dem Essen ein Schläfchen.«

Verlegen strich sie ihr schwarzes Haar glatt, der eine oder andere weiße Faden war darin.

»Ich wollte dieses Päckchen abgeben. Dona Eponina hat mich geschickt.«

»Mama nützt immer andere Leute aus«, sie drückte das Paket an sich, mit zitternden Händen. »Wollstrümpfe. Wie reizend, Nelsinho! Mutter weiß wohl noch nicht, daß es die Post gibt.«

Mit erschrockenen Augen:

»Das ist also der Nelsinho. Ein hübscher junger Mann. Du brauchst dich nicht zu schämen. Meine Schüler sind die Kinder, die ich nicht gehabt habe.«

Er, mucksmäuschenstill: alte Lehrerinnen schwätzen immer zu viel.

»So schweigsam? Willst du nicht eintreten?«

»Sie müssen entschuldigen. Ich habe es eilig.«

»Nur keine Umstände. Ich will mich nur ein bißchen mit dir unterhalten. Etwas von deinem Leben erfahren. Wie geht es deinen Kameraden?«

Nelsinho trat ins Wohnzimmer ein und erblickte durch die offene Tür des Schlafzimmers das breite Ehebett. Sie lehnte die Tür an:

»Achte nicht auf die Unordnung! Ich bin eben erst aufgestanden.«

Er setzte sich auf die Sofakante und antwortete – o Unheil, die kleine Axt hatte er im anderen Jackett vergessen! – auf die Fragen nach den Kameraden. Die eine verheiratet, Mutter von zwei Kindern – Herr des Himmels, wie die Zeit vergeht! Ein anderer bei einem Flugzeugunglück ums Leben gekommen – der mit den Löckchen, Sérgio, Ihr Liebling.

»Damals warst du wütend auf mich, nicht wahr, Nelsinho? Einmal habe ich dich bestraft. Auf Maiskörnern knien lassen, ganz schrecklich! Eine schlimme Hexe, nicht wahr?«

Die liebste der schlimmen Hexen – unversehrt im

Gedächtnis, schwarzer Rock und blütenweiße Spitzenbluse.

»Kannst du mir verzeihen, Nelsinho?«

»Ich hatte die Strafe sicher verdient.«

»Erzähl mal, deine Pläne. Möchtest du gern Arzt werden?«

»Ich weiß es nicht, Dona Alice. Ich bin mir nicht darüber im klaren.«

»Rederei, Junge. Ein starker junger Mann bist du geworden. Wie alt bist du jetzt?«

»Einundzwanzig«, er log ein Jahr hinzu, mit dem purpurrot angelaufenen Gesicht des verlegenen Jünglings fühlte er sich von neuem als Schüler mit der sündigen Hand in der Tasche. Um seine Verwirrung zu verbergen, schilderte er in dramatischem Tonfall seinen Wunsch, mit seiner Familie zu brechen. Er wolle er selber sein. Der alten Stadt den Rücken kehren bedeute, ein zweites Mal auf die Welt zu kommen.

»Du hast noch das ganze Leben vor dir, Nelsinho.«

Gedankenvoll schlug sie die Beine übereinander – ach, wie oft hatte er als Knabe den Bleistift zu Boden fallen lassen, um ihr rundliches Knie auszuspionieren. Auf dem weißen Schenkel – o himmlischer Vater! – das berühmte Strumpfband: schwarz und nicht violett, wie er gedacht hatte. Ach ja, zu jener Zeit trug man noch Strumpfbänder ... So alt war sie gar nicht, zehn Jahre älter, höchstens zwanzig.

»Ich hätte nie aus dem Elternhaus fortgehen dürfen.«

»Reut Sie das, Dona Alice?«

»Aber Junge, ich bitte dich. Laß doch die Dona sein. Das macht mich so alt. Schau, wir wollen einen Pakt schließen! Zwei Kameraden, die sich an die Schulzeit erinnern.«

Ohne sich mit einem Bleistift ablenken zu können, unbequem auf dem Sofa sitzend, hörte er länger als eine Stunde von vergangenen Zeiten reden: sie bot ihm keinen Eierlikör an, nicht einmal ein Täßchen Kaffee.

Vom Haus zum Beruf und vom Beruf nach Hause. Konnte man dieses Appartement ohne Luft, ohne Licht, ohne Sonne ein Zuhause nennen? Die Büromädchen, ordinär und leichtsinnig, eine schreckliche Promiskuität. Als alleinlebendes Mädchen Respekt einflößen müssen. Himmlische Mutter, wie schwer war das! Alle Augenblicke, überall belagert werden. Die Männer? Große Schweine. Sobald ein Mädchen allein ist, spielen sie sich als Eroberer auf. Sie klopften sogar an ihre Tür. Sie könne kaum schlafen, lag vielleicht ein Räuber unter dem Bett? Freunde hatte sie nicht. Zwei Jahre lang verlobt, der junge Mann verdiente wenig, hatte keine Mittel für eine Heirat. Vor fünf Monaten war er nach São Paulo versetzt worden.

Wäre sie doch zu Hause geblieben, aber wie konnte sie das? Der Skandal mit dem Schuldirektor, einem verheirateten Mann, ganz unschuldig war sie da hineingeraten. Traurig hüstelnd: ein Jahr im Sanatorium. Der Arzt hatte ihr den kalten Wind des Südens verboten.

»Ach, Nelsinho, wenn du wüßtest ...«

Es dunkelte, die Straßenbahnen kamen zur Ruhe. Es war Samstag, sie drückte ihm die Hand:

»Was für eine Freude, einem Menschen aus Curitiba zu begegnen!«

Interessiert besah er sich die Bilderchen an der Wand – Pinien bei Sonnenuntergang –, ohne den Monolog des leeren Herzens im leeren Gehäuse der Zikade zu unterbrechen. Einige Tage zu Hause zur goldenen Hochzeit der Eltern. Am Jahresende Urlaub, vom Dienst suspendiert. Weihnachten, die schlimmste Jahreszeit, um allein zu sein. Allein im Appartement, während in allen Familien Freude herrscht. Eine neue Bluse und gehäkelte Handschuhe, im Bett liegen, auf die Decke starren. Die Straßenbahnen, die Wortgefechte der Betrunkenen, die Nachbarn um den Tisch versammelt.

»Und Ihr Bräutigam? Er hat Sie doch gern gehabt. Wie konnte er Sie verlassen?«

Seine Mutter, diese angeberische Betriebsnudel, behauptete, sie ginge ein, wenn der Sohn sie verließe. Am andern Morgen schlug die Schöne verzweifelt die Augen auf und weinte drei Tage lang, ohne Mut, sich im Spiegel zu betrachten, zur Arbeit zu gehen, auf die Straße zu treten. Ohne die Schminke vom Gesicht zu waschen, ohne zu kochen, von Milch und Butterkeksen lebend. Tag und Nacht in Gedanken bei ihrer Familie. Ihre Freude waren die Besuche in Curitiba. Dort war sie Ehrengast, alle gaben sich Mühe, es ihr angenehm zu machen. Jetzt war Februar – ein Schluchzer zerteilte das Wort, Nelsinho verwandte kein Auge von den Pinien – erst im Dezember würde sie dorthin zurückkehren.

»Du weißt gar nicht, wie glücklich du bist, Junge.«

In die Ecke gedrückt, machte sie sich noch kleiner: »Wann reist du ab?«

»Nächste Woche.«

In der Stille zwischen den einzelnen Sätzen das Knurren der hungrigen Eingeweide.

»Alles aufgeben und dem Lotterleben verfallen. In Curitiba redet man über mich. Daß ich ein ausschweifendes Leben führe. Ich Ärmste, ich lebe wie eine Nonne. Wenn mein Verlobter sich nicht entschließt, verliere ich alle Hoffnung.«

Selbst im Büro verfolgte man sie, die Kolleginnen bekamen mehr Geld, sie verteidigte sich gegen schmutzige Pfoten – alle Chefs sind Schweine. Sie bezweifle, ob ihr Vater sie wieder aufnehmen würde.

»Alberto kann sich nicht entscheiden, ich verliere jede Hoffnung. Bin imstande, eine Torheit zu begehen. Wie die anderen es machen. Wie eine Närrin auf einen Brief des jungen Mannes warten, der an Mutters Rockzipfel hängt.«

Aus Mitgefühl oder Hunger kam Nelsinho auf den Einfall:

»Haben Sie etwas vor, Dona Alice? Falls nicht, wollen Sie mit mir zu Abend essen?«

Er biß sich auf die Zunge und bereute seine Worte: hatte wenig Geld, konnte es nicht für die Lehrerin ausgeben. Nach Rio zu einer Orgie mit der goldgeschminkten Dame.

»In fünf Minuten bin ich fertig. Mach es dir bequem. Willst du Musik hören?«

Er tat einige Schritte durch das im Halbschatten liegende Wohnzimmer. Ein finsterer Verschlag: die Küche. Auf dem Tisch ein Glas Milch, bedeckt mit einer Untertasse. Der Teller leer: nicht ein einziger Krümel. Dona Alice erschien an der Tür des Wohnzimmers.

»Unter einer Bedingung: ich zahle die Hälfte.«

»Ich lade Sie ein.«

»Was ist dabei? Das ist hier so der Brauch.«

»Hier vielleicht. Aber nicht dort, wo ich herkomme.«

»Ein richtiger Mann aus Paraná, nicht wahr?«

Bei der dritten Schallplatte kam sie zurück:

»Ich bin soweit.«

Ganz in Blau, gehäkelte Handschuhe, hohe Absätze. Ein Band im Haar, sie hatte sich nicht geschminkt. Ohne Ohrringe oder Armreif – besaß sie keinen Verlobungsring?

»Willst du auf die Toilette gehen?«

Als rechter Mann aus Paraná lehnte der Held ab, obwohl es ihm danach war.

»Gibt es in der Nähe ein Restaurant?«

»Restaurants gibt's genug.«

Im Lift fuhren sie mit einem Individuum hinunter, das sie, die Hand in der Hosentasche, von oben bis unten musterte.

»Hast du auf den Kerl geachtet? Das Wohnhaus ist ziemlich anrüchig.«

Im fünften Stock bereitete eine Kollegin ein kleines Fest vor. Schlug ein Restaurant vor, in das sie oft mit ihrem Verlobten ging. Die Autos rasten vorbei, beim Überqueren der Straße hielt sie sich an seinem Arm fest. Bei der sachten Berührung warf ihr Nelsinho von der Seite einen prüfenden Blick zu – eine natürliche Geste der Verteidigung. Auf dem Bürgersteig zog Alice ihre Hand zurück.

»Ich schäme mich meiner traurigen Rolle. Ich habe schon genug von mir geredet. Erzähl mir etwas! Hast du eine Freundin?«

Das erste Thema, das ihn fesselte: die Katastrophe seiner letzten Leidenschaft! Nie wieder würde er eine andere Frau lieben können.

Acht Uhr an einem heißen Februarabend: Pärchen im Schatten der Bäume, in den Portalen versteckt, in der Ferne am Strand ausgestreckt.

»Aufgepaßt, Junge. Hier gibt es viele Gauner.«

Die Blicke der anderen, schockiert wegen des Altersunterschieds zwischen Nelsinho und seiner Begleiterin, man verwechselte sie mit einem Liebespärchen.

Ein dicker Herr vertrat ihnen den Weg.

»Dieser junge Mann stammt aus meiner Heimat. Sehn Sie nur, wie gesund er ausschaut!«

Ihren Arm betastend, sagte der Mensch leise:

»Schau, meine Liebe. Laß das mal hübsch bleiben!«

Die Schöne lachte – verdächtiger Glanz des Goldzähnchens. Verwandelt; nicht mehr das unglückliche Mädchen im Appartement, an die Schulter des Dicken gelehnt, ganz intim.

»Mehr Respekt, Moreira. Er kommt aus Paraná. Der Junge denkt sonst noch, ich wäre eine Nutte.«

Der Held platzte vor Wut. Sie spielte sich als seine Beschützerin auf, das kleine Luder.

»Geduld, Moreira. Heute geht es nicht. Wie wäre es mit morgen?«

Ein rotes Licht ging in Nelsinhos Stirn an, flackerte einen Augenblick, ging wieder aus.

»Gehn wir, mein Lieber.«

Sie hatte ihn »mein Lieber« genannt. Die einzige Frau, die ihn als Achtjährigen »mein Lieber« genannt hatte, das hatte er nie wieder vergessen.

Im Restaurant stocherte Alice an dem weißen Fleisch des Hähnchens herum. Sie sei ohne Appetit, sie äße spät zu Abend, das hektische Leben der Großstadt.

»Sie sollten ...«

»Duz mich doch ...«

»Noch ein Stückchen: Bei Ihrer Magerkeit ...«

Halt den Mund, Kerl. Zu spät: schreckerfüllte Augen.

»Mager, nicht wahr? Du findest mich mager, nicht wahr? Es ging mir nicht gut. Eine heftige Grippe.«

»Noch einen Cognac. Trinken Sie nichts?«

»Nur einen Orangensaft. Zur Gesellschaft.«

Die Schöne sprach von ihrem Verlobten. Nelsinho schlürfte noch ein Gläschen. Alice nahm endlich ein Bierchen an. Sie sprach vom Fußball, Alberto war ein Fußballfanatiker. Sie hatte alles gelernt, um mit ihm Gespräche führen zu können. Als traurigen Trost für seine Abwesenheit hörte sie sonntags die Spiele von São Paulo im Radio.

»Ich rauche nicht, danke. Es schadet mir«, und sie hustete in ihr zwischen den Fingern zerknülltes Taschentuch.

Noch einmal, halt den Mund. Zartes Gefühlsleben, zarte Gesundheit: ein ganzes Jahr im Sanatorium. Nelsinho träumte von der Orgie des Kranken, das Fieber erregt ihn. In der Heimatstadt gebrandmarkt: schwach auf der Brust, das Mädchen zu sehr im Gerede, um heiraten zu können. Spielt die Jungfrau: besagter Verlobter war wohl ihr Liebhaber, wer weiß, ihr Gigolo. O weh, ich bin blau.

»Fertig?«

Auf dem Programm stand die Matrosenbar. Er rief den Kellner.

»Jeder die Hälfte.«

»Was soll das, Alice? Kommt gar nicht in Frage.«

Sie gingen den gleichen Weg zurück, er ein wenig voran, denn plötzlich hatte er es eilig. Außer Atem redete Alice weniger.

Ich setze sie am Lift ab, sie sieht mich nie wieder. Er stieß die Tür auf, ziemlich erregt:

»Wie spät mag es sein?«

Sie schaute auf ihre Armbanduhr:

»Halb zwölf. Es ist noch früh. Komm ein bißchen herein. Es war ein langer Weg.«

Ihm ging ein Licht auf und erlosch nicht wieder. Schade, so abgeschlagen, das schwammige Gesicht auf dem ausgedörrten Körper.

»Ein Täßchen Kaffee. Dann bist du mich los.«

Sie öffnete die Tür, zog die Schuhe aus:

»Die Frauen sind blöd. Tragen nur enge Schuhe.«

Sie schlüpfte in die Pantoffeln und legte eine Schallplatte auf.

»Komm hier herein. Hier hört man besser.«

Die Schöne verschwand im Badezimmer. Er setzte sich auf den Bettrand. Neben dem Radio-Plattenspieler lagen ein paar Schallplatten herum: »Für die liebe Alice, voller Liebe von ihrem ...« »Der lieben Alice von ihrem lieben ...« »Alice, der ewig geliebten, in zärtlicher Liebe von ihrem ...« Auf der Hülle, bei jeder Widmung ein anderer Name.

Sie kam aus dem Bad zurück, ohne Jacke. O nein, sie hatte sich die fleischigen Lippen geschminkt. Eine verbrauchte, erschöpfte Dame, die Mutter der jungen Lehrerin – die Tochter mit der Mutter betrügen hieß, die süßeste Erinnerung der Kindheit verraten.

Verwirrt begegnete Alice seinem Blick. In ihren Pantoffeln dahinschlurfend zog sie die Gardine auseinander, beugte sich aus dem Erker.

»Sieh bloß mal!«

Eine Gruppe von Kindern probte für den Karnevalsumzug.

»Meine Zeit als Lehrerin war die schönste meines Lebens.«

Der Erker war eng, und, als sie ihm eines der kleinen Negerkinder zeigte, streifte ihre welke Brust seinen Arm.

»Hui, wie kalt! Ich bekomme eine Gänsehaut.«

»Kann man bei diesem Krach schlafen?«

Die Hand vor dem Mund, bekam sie einen Hustenanfall. In Curitiba hatte man ihr gesagt, sie brauche sich keine Sorgen zu machen. Während des Abendessens hatte sie mehr als einmal gehustet, ohne das Taschentuch aus der Hand zu legen. Sie war ganz starr vor Schreck gewesen, als er sie so mager fand. Sich die Tränen abtrocknend, sagte sie, der Straßenlärm sei rein gar nichts. Die eigentliche Hölle seien die Straßenbahnen. In den ersten Monaten habe sie sich bis zum Morgen im Bett gewälzt. Mit der Zeit gewöhnt man sich daran. Zuweilen ein Beruhigungsmittel, sie wolle sich nicht abhängig machen – sei sehr nervös.

»Ich habe eine richtige Gänsehaut . . .«

Sie ging ins Schlafzimmer, um die Platte zu wechseln. Nelsinho spuckte auf die Straße. Da sie keinen Kaffee kochte: »Ich muß gehen.«

Mit dem Plattenspieler beschäftigt, hob sie nicht einmal die Augen:

»Wartet jemand auf dich? Wenn nicht, so bleib doch hier!«

Ohne zu antworten, schlich sich Nelsinho ins Bad – ich bin verloren, und nun? Er drehte den Schlüssel zweimal im Schloß um und urinierte, darauf bedacht, kein Geräusch zu machen. Wie konnte er sich aus dem Fenster stürzen, wenn kein Fenster vorhanden war? Ein hübscher junger Mann im Spiegel, so schweigsam, er rülpste leise: verdammt, ich bin betrunken. Er öffnete den Schrank; hinter dem Kremtopf eine Schachtel mit Präservativen. Bitterkeit im Munde, zu viel geraucht: er verrieb die Zahnpasta auf den Zähnen. Er überlegte sich einen Satz zum Abschied. Ich öffne die Tür, winke von weitem – auf Wiedersehen, Schönheit! und stürze die Treppe hinunter.

Er machte die Tür auf und erstarrte: das Licht war gelöscht. Das Schlafzimmer im roten Halbschatten der Musiktruhe, gedämpfter Klang einer Schallplatte. Er glaubte Alice im Erker. Oder in der Küche, wo sie den Kaffee zubereitete. Da bewegte sie sich im Bett.

Er tat ein paar Schritte, hielt mitten im Schlafzimmer inne. Abermals regte sie sich im Bett. Schuldete er ihr etwas dafür, daß sie ihm Lesen und Schreiben beigebracht hatte? Er schleifte die Füße über den Fußboden, aus Angst, über den Teppich zu stolpern: aber da war gar kein Teppich. Er trat auf einen weichen Gegenstand, das immer noch ungeöffnete Strumpfpäckchen. Im Schatten gewahrte er das Bett, die beiden Kissen, die Hausherrin splitterfasernackt.

Flehend streckte sie ihm die Arme entgegen, krallte

die Finger ins Leere. Unschlüssig stützte der junge Mann sein Knie auf das Bett.

Ein Fauchen des Triumphes in der Brust, legte ihm Alice ihre Hände um den Nacken. Im erlöschenden Licht ein blutunterlaufenes Gesicht, der offene Mund eines fleischlosen, geilen Vampirs – ohne abwarten zu können, tanzte die Zungenspitze zwischen den Zähnen hin und her. Er ließ sich küssen – o säuerlicher Bierrülpser – lebwohl auf immer, kleiner Junge. Die Nadel spielte die letzte Rille ab und fing an, die Platte zu zerkratzen, ohne daß einer von beiden sie angehalten hätte.

Nelsinho lief durch die Straßen auf der Jagd nach dem letzten Weibchen. Nicht eine Frau schlenderte umher, die Bars waren dunkel.

Auf dem engen Bürgersteig stieß er auf zwei Gestalten, rasch fuhr er mit der Hand in die Tasche. Sie hatten ihn mit indiskreten Fingern betastet, Räuber waren es nicht. Er drehte sich um, und da standen sie, mit schmachtender Gebärde und honigsüßer Stimme:

»Wohin, Süßer?«

Die beiden würden jeden Nachtschwärmer Liebling nennen. Als er um die Ecke bog, stieß er auf den kleinen Platz mit der alten Tränke – wo waren die Nachtfalter geblieben?

In der Kirche war fast niemand, die Bilder mit violettem Tuch verhängt. Ohne sich zu bekreuzigen, ging Nelsinho durch das Mittelschiff nach vorn, Sand knirschte unter seinem Schuh. Von seinem Kreuz heruntergeholt lag dort der alte Christus zwischen vier brennenden Kerzen. Auf der Bank die Megären, im schwarzen Schleier und schwarzer Mantille, die Augen mit der Hand beschattet. Eine warf sich auf dem Zement zu Boden, drückte einen liebevollen Kuß auf die Wunde am Fuß.

Nelsinho suchte den kleinsten Geldschein heraus, ließ ihn auf den Opferteller fallen. Von den wildblikkenden Wächterinnen des toten Jesus beäugt, vervollständigte er seinen Rundgang, gierig nach einem Kuß. Er betrachtete das schaudererregende Bild und unterdrückte kein schmerzerfülltes Aufschluchzen, sondern eine Anwandlung von Ekel: Du bist schuld daran, Herr, daß alle Bordelle geschlossen sind. Prunkvolle Puppe mit Löckchen. Du sprichst von Blut, Herr, und blutest nicht – die Witwen verjagten nicht einmal die Fliegen auf der offenen Wunde.

Zum Ärger der Betschwestern verneigte sich die Besucherin, schwarzer Rock, grüne Bluse, rote Jacke. Das Haar aufgelöst auf den Schultern, bei jeder Gebärde knackte die Lederkleidung, sie küßte den durchbohrten Fuß. Sie schaute nicht nach Nelsinho; mochten sie einander noch so unbekannt sein, sie waren die Auserwählten. Der Held durchquerte die Kirche, hielt an den drei Stufen inne. Bei dem trockenen Wetter glänzten auf dem verlassenen Platz die glatten schwarzen Steine. Neben ihm das verstohlene Flüstern der Nutte. Geradeaus blickend murmelte er:

»Wo gehn wir hin?«

»Dort an die Ecke.«

Kleine Pause.

»Wie lange?«

»Für den Rest des Lebens, Magdalena.«

Sie stiegen die Stufen hinab, die Schöne schob ihre Tasche über die linke Schulter, hakte sich mit der rechten Hand bei ihm ein. Er wies auf ein verfallenes Gebäude:

»Wissen Sie, wer da wohnt? Die große Leidenschaft meines Lebens – eine gewisse Marta. Verheiratet mit einem Bankangestellten – Petrônio.«

»Nur nicht traurig sein, Liebling. Ich bin ganz auf Liebe eingestellt. Ostern gut verbracht?«

»Ostern habe ich noch nicht gefeiert.«

»Nanu, ich dachte ... Ist heute nicht Ostern?«

»Heute ist Karfreitag, mein Herzchen. Wie spät ist es?«

»Fast elf Uhr.«

»Also Passionsnacht. Morgen ist Karsamstag.«

»Wo die Leute Eier suchen?«

»Wo Judas verdroschen wird. Vielleicht bin ich das?«

Beschämt drückte sie seinen Arm:

»Na freilich, mein Bester.«

Am Ende des Korridors saß eine scharfnasige Harpye hinter dem Tisch.

»Wollen Sie übernachten?«

Die Vorderzimmer waren für eine halbe Stunde reserviert.

»Meine Zeit ist zu Ende.«

Die Alte bat die Lederdame um die Illustrierte, die aus ihrer Tasche herausschaute, und nahm aus dem Fach den Schlüssel Nummer neun. Nelsinho reichte der Hexe einen Geldschein, stützte sich auf den Schreibtisch. Die beiden stritten sich um die Zeitschrift, bis die Pensionsmutter unversehens die Schublade schloß und der Jüngeren den Finger einklemmte.

»Haben Sie sich ordentlich weh getan, was?« rief die Alte jubelnd, die Zeitschrift in der Hand.

»Nein«, mit einer schmerzverzerrten Grimasse blies sie auf ihren Nagel.

»Es war nicht meine Absicht.«

Sie übergab seiner Gefährtin den Schlüssel und ihm das Wechselgeld. So gingen die beiden nun in das berühmte Schlafzimmer, das Ehebett stand an der Wand. In der Ecke die Waschschüssel auf dem Dreifuß; darunter der Wasserkrug. Die Frau rührte sich nicht, das Haar war ihr über die Augen gefallen.

»Was ist los?«

»Ich bin sterbenstraurig.«

Die Chefin hatte den Bildroman konfisziert, nie wieder würde sie ihn herausrücken.

»Aber gewiß doch.«

»Es ist nicht das erste Mal.«

Er hob ihr Kinn hoch. Sie versteckte ihr Gesicht, bis sie ihn anschaute und liebevoll lächelte. Zu seinem Schrecken entdeckte er, daß sie fast keine Zähne mehr hatte. Keinen einzigen Zahn zwischen den beiden Eckzähnen – o Herr, muß ich aus diesem Kelch trinken?

Um seine Verwirrung zu verbergen, ging er die Tür schließen. Kaum wandte er sich um, kam sie ihm entgegen, hüllte ihn ein in feuchtes Leder und ranziges Fleisch. Was soll aus mir werden, Gott im Himmel? Schwacher Trost, er stellte sich die Dame im Bett ansehnlicher vor. In der Hoffnung, Zeit zu gewinnen:

»Hast du keine Angst, meine Kleine?«

»Vor dir, Liebling?«

»Vor der Strafe des Himmels. In der heiligen Karfreitagsnacht. Liebe ist verflucht.«

»Meine Sünden sind mir vergeben worden. Dort in der Kirche.«

»Lüg nicht, du kommst in die Hölle. Wie oft bis du schon in die Kirche gegangen? Auf Männerjagd?«

»Gott steh mir bei!«

Sie hielt seinen Kopf fest:

»So blutjung! Dicke Frauenlippen ... Ich will deinen Mund küssen.«

»Wenn ich nun der Teufel wäre? Und deine Seele vergiftete?«

»Was ist das für ein Gerede? Ich gefall' dir wohl nicht. Ist es so?«

Ein kalter, perverser Blick, der bei einem unbedachten Wort wütend aufglühen würde. Der Held wurde feige – die Rettung war wohl, das Licht auszumachen.

Er häkelte sich von ihr los, zog das Jackett aus, setzte sich auf das Bett. Das Weibsbild streckte sich bequem aus, zog seinen Kopf an sich und fing an, ihn zu beißen: auf dem Hals drückte sie ihm die Spuren ihrer Bisse ein.

»Ich will dich überall beißen.«

»Das laß lieber bleiben«, flehte er erschrocken.

»Dein Blut aussaugen.«

Auf seinen Knien sitzend, vollständig angezogen, ließen ihre Sprünge die Bettfedern quietschen.

»Nimm und iß: dies ist mein Leib.«

»Bist du der Freund von Joana?«

»Nicht von Joana und nicht von Suzana.«

»Dann bist du meiner.«

Nelsinho setzte ein breites Lächeln auf – er war der Mann! Er wollte die Begeisterung nicht verlieren, stand auf. Knüpfte die Krawatte auf. Sie zog ihn am Hemd und ritt wieder auf ihm, der ihr ausgeliefert war, ein neuer, knirschender Sattel. Als die Unglückselige ihre Jacke auszog, stank sie wie ein Aas. Sie beugte sich über ihn, der Leichnam im Sarg bewacht vom letzten Klageweib.

»Ist dein Körperchen für die Liebe geschaffen?«

»Heute Nacht, mein Täubchen, ist Liebe Sünde. Heute Nacht erzeugt sie Ungeheuer.«

»Du bist so beredt wie der Teufel.«

»Du sagst es«, er gab sich zum Opfer hin.

»Soll ich es tun?«

An ihn geklammert, beide auf dem Bett sitzend, ihr Rock oberhalb des Knies, rieb sie ihr grobes, rauhes Bein an ihm.

»Soll ich es tun?« rief sie zum dritten Mal.

In der Liebesagonie wollte er leiden bis zum letzten Atemzug.

»Tu alles, Liebling!«

»Was alles?«

»Alles was du kannst.«

Eilig knöpfte sie ihm das Hemd auf. Ritzte ihm den Rücken mit dem scharfen Nagel – dem längsten am kleinen Finger. Bevor er noch über das Geheimnis nachdenken konnte, ertönte ihre ungeduldige Stimme:

»Soll ich das Licht ausmachen?«

Voller Angst bat er: lieber nicht. Unter ihr wand er sich verzweiflungsvoll:

»Warte ein bißchen. Ich habe die Manschettenknöpfe verloren.«

Er zog das Hemd aus, in Hose und Schuhen. Er liebkoste ihren Busen. Er erschrak über die Ferne, ja Interesselosigkeit der Zeremonie.

»Du hast wohl vergessen ...«

»Ach so ... Habe ich dich nicht bezahlt?«

Aus der Hosentasche zog er einen Geldschein, den sie in der Jacke verwahrte. Ohne zu zögern, befreite sie sich vom Pullover. Ihre Entschlossenheit wirkte ansteckend auf ihn: so geschehe, was geschehen muß.

Vor dem Toilettenspiegel bewunderte die Schöne ihr groteskes Bild voller Macht und Herrlichkeit:

»Soll ich alles ausziehen?«

Er knüpfte den Schnürsenkel auf, hob den Kopf: »Alles.«

Er stieg auf das Bett, um die Hose nicht staubig werden zu lassen. Die Frau beugte erst ein Bein, dann das andere, entledigte sich des schwarzen Lederrocks – auf dem Schenkel bemerkte man blaue Krampfadergeflechte. Sie setzte sich, um die Strümpfe einzurollen. Sie ließ den Büstenhalter fallen. Ihre Brüste umfassend geilte sie sich vor dem Spiegel auf. Dort suchte sie Nelsinhos Blick – rasch wandte er ihn ab. Das Weibsbild umschlich das Bett. Schlängelte sich an ihn heran, bohrte ihm die Nägel in den Leib, daß er erbebte. Sie steckte ihm die Zunge ins Ohr – Dein Wille geschehe, Herr, nicht der meinige.

Als sie ihn liegen sah, klebte sie ihren Mund auf seine Brust und leckte ihm die Brustwarzen: Teufel auch, was für ein Weib! Sie ließ den Kopf tiefer gleiten, und, immer weiterküssend, auf der Höhe des Nabels, wieherte sie obszön. Küssend kehrte sie zum Hals zurück, dann wiederholte sie den ganzen Weg, und am Nabel wieherte sie abermals vor Genugtuung. Ihn zum Opfer vorbereitend, benetzte sie seinen Leib mit aromatischem Balsam. Jetzt kitzelte sie ihn am Fuß, umhüllte ihn mit ihrem langen Haar. Das zudringliche Schnäuzchen schnupperte an dem süßen Geheimnis.

»Nicht beißen!«

In diesem Augenblick grub sie ihre Zähne in sein Kinn. Er spürte nur die Zunge. Wenig später leckte und kitzelte sie um das Liebestäubchen herum – wird sie zubeißen?

»Hör auf!« widerstand er mit aller Kraft. »Laß das sein!«

Sie saugte nun wieder an seinem Kinn. Alarmiert spürte der Held ihre Zahnlücken. Entsetzt verteidigte er sich mit der Hand am Hals. Plötzlich warf die Frau den Kopf zurück. Sie schöpfte tief Atem, fiel schnaubend wieder über ihn her. Sie wollte beißen, er ließ es nicht zu. Auf die Arme gestützt, das Haar auf der Matratze schleifend, splitterfasernackt. Während sie die Unterlage in schüttelnde Bewegung versetzte, rieb sie ihm mit ihren üppigen Brüsten den Oberkörper. Auch er nackt, in schwarzen Strümpfen, das Gesicht besudelt von tausend Küssen. Ohne je die Blüte des Verlangens abzupflücken, brüllte sie vor Frustration – schlug ihm die Eckzähne in den Hals. Nelsinho richtete sich auf den Händen auf, während sie sich in seinen Rükken verbissen hatte.

»Blut saugen!«

»Jetzt reicht es aber.«

»Du entkommst mir nicht«, und sie wurde immer blutrünstiger bei der wilden Verfolgung.

Mit letzter Kraft brüllte er erschrocken:

»Gibt's hier Wasser?« Kaum glaubte er sich frei, seufzte er erleichtert auf. »Ich bin schweißüberströmt.«

Das Weib warf ihm ein Handtuch zu. Sie brachte den Wasserkrug, zog eine Schüssel unter dem Bett hervor. Er kehrte ihr den Rücken zu, rieb die Hände an dem klebrigen Schweißtuch, hörte das Plätschern im Becken. Er spürte einen Juckreiz auf der Haut, das Ungeheuer verlangte nach dem Handtuch. Ehe er sich's versah, hatte sie sich abermals neben ihm installiert. Nicht zu fassen, sie wollte geküßt werden.

»Ich bin verloren«, seufzte er aus der Tiefe seiner Seele.

Sie begann alles von neuem. Er ließ ihren Fingernagel über seine Wirbelsäule streifen und krümmte sich ganz und gar. Sie weidete an seinem Hals, leckte ihm die Brustwarzen, unter Prusten und Wiehern.

»Hör damit auf!« Und als er ihren furchterregenden Gesichtsausdruck bemerkte:

»Langsamer!«

»Vorhin wolltest du's doch – oder?«

Alles schläft, niemand eilt mir zu Hilfe: jetzt schließe ich die Augen und vergehe vor Traurigkeit.

»Der Hahn hat dreimal gekräht.«

Wortlos kratzte die Person an ihrem Schorf. Keine Minute war vergangen, da glitt sie ihm mit der flüchtigen Hand über die Brust, dann über den Bauch. Sie richtete sich auf den Ellenbogen auf: »Genauso ein dürres Leibchen wie er. Ebenso mager und weiß. Wie der andere.«

Sie bemächtigte sich seiner Hand, biß leicht hinein. Nelsinho spürte die Zahnlücken. Unerbittlich bedrängte sie seinen Mund. Allmählich ließ seine Widerstandskraft nach – »Mein Gott, mein Gott, warum hast du mich verlassen?«

Der obszöne Saugnapf lastete voll auf ihm, o unreiner Schwamm aus Essig und Galle. »Es ist vollbracht.«

Ein wilder Triumphschrei, sie küßte ihn wie besessen, mit geöffneten Augen. Er schloß die Lider, ja nicht die vom Genuß diabolisch verzerrte Grimasse zu erblicken.

Jeder stand auf seiner Seite auf. Schon angekleidet, öffnete er die Tür, ohne sich zu verabschieden. Die

Frau hatte noch nicht einmal das erste lederne Kleidungsstück angezogen.

Die Turmuhr kündigte das Ende der Passionsnacht an. In der verlassenen Straße zerrissen die schrecklichen Glockenschläge die Stille. Nelsinho hielt seinen Schritt an, die Erde floh unter seinen Füßen:

»Ich bin schuldlos, mein Vater.«

Nelsinho öffnete das Portal, balancierte über die losen Ziegel und stieß vor dem Haus auf Pascha, der bequem auf dem Sack mit Werg lag, auf dem Nelsinho sich die Füße abputzte. Zu spät bemerkte der Hund, daß er es war; da war er nach dem Fußtritt schon drei Stufen heruntergerollt. Alt und krank, wie er war, knurrte er nicht, er winselte nur vor Schmerz; zitternd, das Bein nachziehend, verschwand er im Hintergrund des Hausgartens. Der junge Mann klopfte an die Tür und betrat, ohne zu warten, die verlassene Küche. Er hörte Stimmen aus dem Radio und schritt auf Zehenspitzen auf das Wohnzimmer zu.

Vom Korridor aus erspähte er die Alte im Schaukelstuhl, wie sie aus der bis an die Brust gehobenen Schüssel gierig die Bohnensuppe schlürfte. Obwohl er regungslos an der Tür stand, konnte er sie doch nicht täuschen: die Alte aß geräuschvoll ihre Suppe und hörte dabei den Radioroman. Nichts verriet ihre Aufmerksamkeit – kein Liderzucken, kein aufgeblähter Nasenflügel, ihr Mund zur Grimasse verzogen, wenn der Löffel noch in der Schüssel war – und dennoch wußte sie von seiner Gegenwart, seit er vom Omnibus an der Straßenecke abgesprungen war. Durch die Litanei der Schauspieler hindurch vernahm sie das Quietschen der Schuhe im Sand, das leichte Pochen an der Tür. Nie drehte sie ihm den Rücken zu – sie, die alte Matadorin, würde sich immer vor dem Stier in acht nehmen. Der Held konnte den Tag kaum erwarten, wo er sie auf dem Dachboden, neben der Treppe, finden würde ...

»Guten Abend, Dona Gabriela. Ist Neusa schon gekommen?«

»Sie zieht sich gerade um.« Ganz nach der Spielregel: »Sie haben mich furchtbar erschreckt, junger Mann.« Der Löffel schabte auf dem Grunde der Schüssel. »Der arme Pascha hat nicht einmal mehr Kraft zum Bellen.«

Ein Hinweis, daß er die alte Matadorin nicht unterschätzen sollte: sie wußte von dem Fußtritt für ihren Schoßhund. Sie stellte die Schüssel auf dem Tisch neben sich ab. Mit zitternder Hand griff sie nach dem Glas.

»Trinken Sie Ihr Bierchen, Dona Gabriela?«

Obszöne Grimasse des Genusses, sie trank mit geschlossenen Augen.

»Ich habe Noca eins abgeluchst.«

»Das erste?«

»Ja, gewiß.«

»Haben Sie das Rumfläschchen schon ausgetrunken?«

Ein Schaumbärtchen auf dem faltigen Mund.

»Reden Sie leise, Neusa horcht.«

Unter verfaulten Stummeln stellte sie den letzten gelben Eckzahn zur Schau.

»Nur ein kleiner Rest.«

»Wie wäre es mit noch einem Fläschchen?«

»Sie sind mein Untergang, Söhnchen. Nur leihweise, nicht wahr? Ich möchte unter allen Umständen bezahlen.«

»Hat Zezinho nicht Ihre Brieftasche erleichtert?«

»Das fragen Sie mich lieber nicht.«

Tiefinnerer Seufzer der Alten, die das Glas herunterkippte. Der junge Mann beeilte sich, ihr nachzuschenken.

»Zum Glück habe ich sie versteckt ...« sie stieß einen leisen Rülpser aus. »O dieser Husten ... Ich möchte wohl sehen, ob sie die findet.«

»Sie haben viel Geld, nicht wahr?«

Die Alte wandte ihm das Gesicht zu – wende nicht das Auge ab, Graf Nelsinho, sonst bist du verloren.

»Ich arme Frau. Wenn ich Geld hätte, läge ich dann stöhnend und leidend in diesem Stuhl? Sie meinen, ich hätte welches, wie?«

Auf dem Bärtchen der Alten trockneten die Schaumperlen.

»Möchten Sie noch eine Flasche?«

Das knotengeschwollene Fingerchen suchte nach Fusseln auf dem Rock.

»Erzählen Sie es niemandem weiter, mein Sohn. Sonst versteckt man sie mir. Man gönnt mir keinen Schluck.«

»Seien Sie unbesorgt. Das ist unser kleines Geheimnis.«

»Achtung, Neusa kommt.«

Er drehte sich um, verbarg nicht eine Grimasse des Unmuts.

»Was war denn los, Liebling?«

»Dieses Kleid.«

Sogar recht hübsch, blau und schwarz kariert.

»Was hast du denn?«

»Weißt du, es erschreckt mich.«

Jungfrauen muß man demütigen. Meine Füße soll sie waschen und mit ihrem duftenden Haar abtrocknen.

»Soll ich mich umziehen?«

Irgendwann einmal würde sie ihm entgegentreten, aber heute nicht:

»Ich bin ein Dummchen.«

Neusa stand auf, um ihn zu küssen. Er wandte sein Gesicht ab und deutete, die Brauen runzelnd, auf die Mumie, die sich den Hals ausrenkte, um den letzten Tropfen auszukosten. Die leere Flasche erfüllte die Alte mit Bitternis. Kaum bemerkte sie, daß er sich auf dem Stuhl niedergelassen hatte:

»Ach, mein Sohn, Krankheit ist eine Plage. Gott bewahre dich davor, so leiden zu müssen wie ich. Alte Leute können abkratzen, niemand macht sich etwas daraus.«

Dein Wort in Gottes Ohr, ahnungsvolle Teufelin!

»Sie haben ganz recht, Dona Gabriela. Wo sind die anderen Mitglieder der Familie?«

»Ligia im Kino mit Artur.«

»Und Zezinho?«

»Meinen Sie, nur die beiden allein gingen aus?«

Man sollte sie in einem Rumfaß ertränken – sie und den Erpresser Zezinho.

»Haben Sie keine Angst, ganz allein zu Hause zu bleiben?«

Sie beugte sich auf dem Stuhl zurück, stellte den geschwollenen Knöchel zur Schau – ein Labyrinth von dicken violetten Krampfadern.

»Alte Leute sind immer allein. Sie glauben nicht, was das heißt, so zu leben. Ich wünsche niemandem meine Leiden. Ich weiß Bescheid. Das ist kein Dasein mehr. Gott verzeih mir! Gott gibt es gar nicht. Wenn es ihn gäbe, würde er mich dann so leiden lassen?«

Ein auf dem Sarkophag sitzender Pharao, verkrampfte sie die durchsichtige Hand auf dem spitzen Knie. Dort klebten zwei, drei Fliegen.

»Es ist nur gerecht, daß jeder für seine Sünden bezahlt. Aber ich nicht, ich habe niemandem etwas Böses gewünscht. Ich habe mich halb tot gearbeitet mit der Wäsche im Waschtrog. Ich habe mir meine Finger zuschanden gerieben, wenn ich die Ofenplatte reinigte. Ich habe mir die Augen verdorben, weil ich nachts nähte. Wenn einer leiden müßte, dann nicht ich – sondern Carlito. Dem hätte es zustoßen müssen.«

»Ist er nicht schon gestorben?«

»Der hat ein glückliches Leben gehabt. Und vor dem Sterben hat er nicht zu leiden brauchen. Die Tage hat er mit nichtsnutzigen Weibern vertrunken. Ich habe mich vor Arbeit fast umgebracht. Und bin an diesen Stuhl gefesselt. Er hat es sich wohl sein lassen und ist im Vollbesitz seiner Manneskraft gestorben.«

»Woran ist er gestorben?«

»Ein Tumor im Kopf. Ganz allein war er. Hat mich um Verzeihung gebeten. Ich sollte ihn in der Sterbestunde besuchen. Ich habe bei der Totenwache gebetet, das schon. Verzeihen konnte ich nicht.«

Die Hand in der Tasche, ging Nelsinho im Zimmerchen auf und ab, wie in einem Käfig. Tat so, als bewundere er das »Heilige Abendmahl«, schnitt dem kranken Papagei eine schreckliche Grimasse. Setzte ihm ein imaginäres Gewehr in den Nacken. Wenn sie nicht gerade die Fliegen verjagte, kratzte sie sich den weißen Fleck am Hals.

»Hören Sie zu, mein Sohn? Werden Sie nicht so wie ich! Auch ich war einmal jung wie Sie.«

So schimpfte sie auf ihn ein, eine wahnwitzige Königin. Geschieht ihr recht, Strafe des Himmels.

In einem unermüdlichen Redeschwall wandte sie sich zur Treppe, öffnete die Tür zum Vorratsschrank. Ein Schritt im Dunkeln, sie neigte den Kopf, schob, ohne Licht anzuzünden, die Büchsen mit Zucker, Bohnen und Reis auf die Seite und kramte eine weitere Flasche hervor.

»Beten Sie für mich, mein Sohn. Ich weiß nicht mehr, was Schlaf ist. Sitze im Bett, horche ... Die Schreie der Fledermaus. Eine schwarze Grille auf dem Kohlbeet. Dort auf der Stufe knirscht Pascha mit den Zähnen. Wenn das Bierchen nicht wäre ...«

»Gehen Sie nicht zum Arzt?«

»Meine einzige Hoffnung ist ein Wunder.«

Das Wunder trat ein: Neusa erschien an der Tür. Mit einem Sprung packte der junge Mann ihre Hand. Er durchquerte den Korridor und zog sie ins Nachbarzimmer; zuerst streckte er der Alten die Zunge heraus, die eben damit beschäftigt war, sich das Bierchen einzugießen, ohne Schaum zu verursachen.

Er zog die Jacke aus, streckte sich seufzend auf dem Sofa aus. Neusa schloß das Fenster – Zezinho, der Achtjährige, hatte Luchsaugen. Als sie den Arm hob, enthüllte die weiße Bluse ein Stück nacktes Fleisch: ich weiß, ich darf eigentlich nicht, bin zu mager, schlimmer Husten – wenn ich mich nicht in acht nehme, wächst Haar auf der Handfläche. Die Schöne setzte sich auf den Sofarand, er kreuzte die Füße auf dem Tischchen.

»Neusa, bitte! Laß mich nie mit ihr allein. Man muß ein Heiliger sein, um deine Großmutter zu ertragen.

Warum schüttest du ihr nicht gemahlenes Glas in die Suppe?«

»Sprich leise. Sie kann uns hören.«

»Das Radio ist an.«

»Sie hört durch die Wand durch.«

»Das habe ich mir schon gedacht. Sie hat sogar den Fußtritt für Pascha gehört.«

»Sie kann hexen.«

»Schaff sie doch auf den Dachboden. Dann rollt sie vielleicht einmal die Treppe herunter.«

»Red keinen Unsinn, Liebling. Genug von dieser entsetzlichen Alten.«

»Was hast du angestellt?«

Er breitete die Arme auf der Sofalehne aus. Neusa lehnte ihren Kopf auf seine Schulter.

»Gearbeitet.«

»Bist du schon lange wieder da?«

»Kurz vor dir.«

»Bezahlt dein Chef die Überstunden?«

»Keinen Pfennig.«

»Hat er wieder Süßholz geraspelt?«

»Sei nicht blöd, Liebling. Er ist verheiratet.«

»Na und?«

»Ich habe meinen eigenen Verlobten.«

»Woher weiß er das?«

»Hast du mich nicht abgeholt?«

»Und was hat er gesagt?«

»Er fand dich sehr sympathisch. Er fragte sogar, wann es den Hochzeitskuchen gibt.«

Ach so, die Hochzeitskuchen, nicht wahr? Die wird Pascha fressen. Sie schmiegte sich an seine Brust und küßte ihn, den Kopf hebend, auf das Ohrläppchen.

»Muß ich noch lange warten, Liebling? Ich halte sie nicht mehr aus, die alte Schreckschraube.«

»Mach das nicht. Du erschreckst mich.«

Das Mädchen nahm seinen Kopf in beide Hände und gab ihm einen leidenschaftlichen Kuß, die Zunge bereit zwischen den halbgeöffneten Lippen.

»Du lutschst ja immer noch Pfefferminzkugeln?«

»Soll ich sie ausspucken?«

»Was für eine Angewohnheit!«

Eine Gelegenheit, mich in Sicherheit zu bringen: eine Szene machen und dann – ade, holde Schöne!

»Reg dich nicht auf, Liebling!«

Mit den Augen suchte sie eine Ablage: die Veilchenvase? Das Fenster – geschlossen. Sie blickte ihn weinerlich an.

»Soll ich sie hinunterschlucken?«

»Wenn du mich magst, schluck sie hinunter.«

Sie schluckte die ganze Kugel hinunter. Es tat ihr weh, eine Träne sprang ihr aus beiden Augen. Die entkommt mir nicht – sie gehört mir.

»Ich habe nur Spaß gemacht.«

»Alles, was du willst.«

»Alles, Neusa? Wirklich alles?«

Sie bot ihm, jawohl, ihren von Küssen geschwollenen Mund. Die Hände des jungen Mannes verkrampften sich auf der Sofalehne – ich weiß, ich darf nicht, es ist eine Verrücktheit. Die Alte im Wohnzimmer, so komme ich nicht zum Zuge.

Er streichelte leicht ihren glatten Arm. Kennen Sie den Fieberwahn blühenden Fleisches? Die Hand glitt ihm aus – ich bin schwach, Herr, ich verdiene es nicht –, bis er die entschälte Birne ihres Busens mit der Hand umspannte. Was tut man, wenn man einen Zeisig in der Falle gefangen hat? Der Held schloß die Augenlider: das Schnäbelchen des Zeisigs kniff in die Hand seines Herrn.

Unter dem Druck der Umarmung befreite das Mädchen eine Hand und fuhr mit ihr unter sein Hemd – fünf feuchte Fliegenfüßchen verursachten ihm ein Kribbeln vom Nacken bis zur Fußspitze. Vergehend vor Lust, schloß er zum zweiten Mal die Lider – einen kleinen Kitzel im Rachen, bereit, wie ein Wolf zu heulen.

Die Federn des Sofas krachten. O Gott, wenn die Alte plötzlich ...? Er setzte sich mühsam auf, ertrug das Gewicht des Mädchens. Schnaufend atmete er mit offenem Mund, mit zitternden Fingern öffnete er ihre Bluse. Er hob sie vom Sofa auf, um ihr die Bluse auszuziehen, riß den Büstenhalter vom Busen des Mädchens. Immer neu die Entdeckung ihres kleinen Busens – genau die Hälfte einer Zitrone – und er stürzte sich auf ihn, um ihn zu küssen. Vor der schneeweißen Taubenbrust verloren die Schmerzen der Welt ihren Sinn.

Kaum Zeit, an die Alte zu denken – ein Ertrinkender, der zum dritten Mal mit dem Kopf untertaucht –, und er rollte, beide rollten über das Sofa, das zu klein war, sie aufzunehmen. Sie konnten sich nicht niederlegen, er hob sie an der Taille auf, sie stellten sich aufrecht hin.

Er ließ sie einen Augenblick los, mit einem Ruck entledigte er sich des Hemds. Er küßte die Schöne, die vor Lust verging, hungrige junge Tierchen, die eines dem anderen Nahrung vom Munde stahlen. Die rasende Hand auf den köstlichen Beutestücken, fand er den Rockverschluß, öffnete den einzigen Knopf. Allmählich gab der schwarze Rock das rosa Höschen frei. Ein Schritt zurück, der Rock glitt zu Boden: Neusa, o Neusa! In ihrer Bedrängnis stöhnte sie leise – bitte, bitte! – Verzweifelt – wenn die Alte doch nur denken wollte, es sei der Pascha – hob er sie mit beiden Händen auf, damit sie auf gleicher Höhe mit ihm stand. Sie begriff, erhob sich auf die Zehenspitzen, einer paßte genau in den anderen.

Der Held schwebte neun Zentimeter über dem Erdboden. Beim Schwirren der Flügel des Wahnsinns: wie heißt du? Antworte rasch: wer bist du? Rasch – und bevor er noch konnte, trat Dona Gabriela ins Zimmer.

Sie trennten sich, jeder wankte auf seine Seite. Nelsinhos Herz schlug 1000 Schläge pro Minute. Eine Ader, die er nie bemerkt hatte, klopfte in seiner Stirn bis zum Bersten: steh mir bei, Gottesmutter!

»Was ist ... was willst du, Großmutter?«

Aus Neusas Kehle – es war nicht ihre Stimme. Die Alte zog den ausgestreckten Arm ein, wiegte schweigend den Kopf, die Augen waren weit aufgerissen. Im dunklen Gewebe der Falten ein blauer Blitz des Mißtrauens.

»Warum seid ihr so still?«

Der Held stand entgeistert vor der Alten, die vor ihnen wartete, ohne zu blinzeln.

»Warum stehst du so herum, Mädchen?«

»Ich ... habe die Birne ausgewechselt.«

»Ist sie durchgebrannt?«

»Jetzt eben.«

»Habt ihr euch anständig aufgeführt? Nelsinho ist ja vertrauenswürdig. Worauf wartest du, meine Tochter? Hol eine Birne aus der Speisekammer.«

Neusa trat auf den Wäschehaufen. In Reichweite der Megäre, neben der Tür. Jetzt streckt sie die Hand aus, packt das Mädchen – ich muß ein Schlachtfest feiern. Fast schreiend, damit sie ihn anschauen sollte:

»Wollen Sie, daß ich ...« Seine Stimme brach, er fuhr atemlos fort: »... noch ein Bierchen?«

»Sehr nett, mein Sohn. Gleich, gleich ... Wenn Sie wüßten. Ganz allein, dort im Wohnzimmer. Einen messerscharfen Schmerz im Herzen. Ich dachte schon, es wäre das Ende.«

Das Mädchen kam sacht zurück, den Busen in der Hand:

»Hier ist die Birne, Oma.«

Sie zog die Schuhe aus, stieg auf den Stuhl:

»Fertig.«

Sie setzte sich neben den jungen Mann, der sich den kalten Schweiß von der Stirn abtrocknete. Immer die Alte im Augen behaltend, fast ohne sie zu sehen, mit beschlagener Brille. Mit einem Seufzer ließ sich die Greisin in den Sessel sinken, schlug das mit Schuppen bestäubte Umhangtuch zurück.

»Ach, meine Tochter, wenn du wüßtest ... Ich habe es schon Nelsinho erzählt« – den Fuß von einem Zittern geschüttelt, ein bockendes Pferd, das die Stechfliegen verscheucht. »Ich muß für die Sünden eines anderen bezahlen. Ach, meine Kinder, wer so leiden muß wie ich« – und sie rülpste.

Die Hexe von Saufaus.

»Noch eine Flasche, Dona Gabriela?«

Tausend Flaschen würden ihr nicht den Mund stopfen.

»Ich mag Sie gern, Nelsinho. Wie einen Sohn. Gott schütze Sie und behüte sie vor meiner Krankheit. Beten Sie für mich!«

Geschlagen senkte er den Kopf, knöpfte drei Hemdknöpfe zu.

»Kommen Sie nur nicht in meine Lage! Nur ich weiß, wie das ist. Das ist kein Leben mehr.«

Die blinde Großmutter beobachtend und ihr recht gebend – »jawohl, Oma. Natürlich, Oma. Aber ja doch, Oma« – knöpfte Neusa ein, zwei, drei Knöpfe auf und küßte ihn abermals aufs Ohrläppchen.

Die Stimme bei der falschen Verbindung:

»Ist dort Fabinho?«

»Hier ist kein Fabinho«, er hängte ein, zu alt, um sich hochnehmen zu lassen.

Abermals:

»Entschuldigen Sie. Das ist doch Fabinhos Stimme.«

So einschmeichelnd klang die Stimme, daß er seine Absicht änderte:

»Ich heiße João. Und Sie?«

»Ich?« – Eine Pause. »Maria.«

Mitten im Satz ein trockenes Hüsteln:

»Herrgott, dieser Husten bringt mich noch um.«

»Sie haben Tbc, Mädchen.«

»Gott behüte!« und sie lachte heiter.

Sie telefonierte um zehn Uhr abends. Sie unterhielten sich bis zum frühen Morgen; das Mädchen legte Platten auf, las Abschnitte aus der Zeitung vor. Zuweilen wirkte sie bedrückt:

»Ich bin so nervös.«

»Was haben Sie denn, meine Liebe?«

»Ach, ich habe Angst, João. Viel Angst.«

Sie hüstelte leise und verstummte plötzlich. Er war betrübt, ohne ihr helfen zu können. In der nächsten Nacht die gleiche Sanftmut, ein trauriges kleines Rinnsal von Stimme. Zwischen Hustenanfällen erzählte sie von einem Film, einem Bild, einem Buch.

»Ihr kleiner Prinz, liebes Mädchen, ist der größte Langweiler der Weltgeschichte.«

Die Cognacflasche in Reichweite; er brummte vor sich hin und zwischendurch trank er aus dem Flaschenhals. Er konnte einen Fluch nicht unterdrücken, die bebende Stimme schaute ihn erschrocken an. Er entschuldigte sich beschämt: das Mysterium griffe seine Nerven an. Er versprach alles, wenn er nur herausbrächte, wer sie wäre – Negerin, Greisin, Transvestitin. Die Stimme verweigerte alles außer dem Namen.

»Ich muß operiert werden«, gestand sie eines Nachts. »Habe Angst vor einer schlimmen Krankheit.«

»Seien Sie nicht töricht, Mädchen. Ihre Stimme hört sich an, als platzten Sie vor Gesundheit.« Und er erzürnte sich über eine solche Ungeheuerlichkeit.

Weil João so sehr darauf bestand, war sie mit einer Begegnung einverstanden.

»Wie kann ich wissen, wer Sie sind? Hallo!«

Um fünf Uhr nachmittags stand João an der Straßenecke. Er wartete länger als eine Stunde, wer garantierte ihm, daß er Maria gesehen hatte?

Nachts enthüllte sie ihm, daß sie im Auto vorbeigefahren war, ohne den Mut auszusteigen. Sie beschrieb seinen marineblauen Anzug, den Leberfleck unter der Kotelette.

»Warum haben Sie nicht gehalten?«

»Und wenn ich Ihnen nicht gefallen hätte? Ich möchte Sie nicht verlieren.«

»Ich nehme Sie so, wie Sie sind. Sogar mit einem Loch anstelle der Nase. Bitte quälen Sie mich nicht!«

Der Alkohol machte den Schwermütigen geschwätzig. Betrunken wünschte er, daß sie an seiner Seite wäre, sich seinen Küssen hingäbe, seine Liebkosungen ertrüge: die Stimme schwieg, hängte aber nicht ein.

»Entschuldige, Liebes. Ich bin der Elendeste der Elenden. Der kleine Prinz unter den räudigen Schafen, der bin ich. Ich muß Sie nämlich sehen. Ganz unwichtig, ob Sie schwindsüchtig oder leprös sind. Ich kann nicht mehr. Ich bin fast wahnsinnig. Haben Sie kein Mitgefühl, Maria?«

Versprechen einer zweiten Begegnung: abermals gab sie sich nicht zu erkennen. Sie sah sich den jungen Mann gut an, fand ihn hübsch und stattlich, mit einem wilden Schnurrbart. Mit der Post bekam er ein reich ausgestattetes Rasieretui. Weitere kleine Geschenke, von Boten überbracht, die keine Auskunft geben konnten: eine Flasche Cognac und an seinem Geburtstag ein Nußkuchen. Er redete ohne Unterbrechung bis zwei Uhr früh, schlief mit Krawatte auf dem Sofa und litt mit belegter Zunge an Gastritis. In der Nacht, in der sie diskutierten, roch er an einem äthergetränkten Taschentuch.

»Sie spielen mit mir. Seit Monaten halten Sie mich zum Narren«, und er verabschiedete sich mit einem Schimpfwort.

Sogleich schellte das Telefon, die gemessene Stimme einer Dame:

»Hier spricht Marias Mutter. Seien Sie nicht ärgerlich! Wenn Sie wüßten, was Sie ihr Gutes angetan haben ... Sie ist abgelenkt, ist vergnügter. Meine Tochter, warum lädst du nicht diesen jungen Mann ein, hierherzukommen? *Ich möchte nicht, Mutter,* gibt sie zur Antwort, *daß er Mitleid mit mir empfindet.*«

»Wer sind Sie? Wo wohnen Sie? Wie heißen Sie?«

Die Mutter hatte eingehängt – oder Maria, die mitgehört hatte? João versuchte es noch einmal über die Telefonistin:

»Ich bin getrennt worden. Können Sie bitte noch einmal verbinden?«

»Bedaure sehr, mein Herr. Es ist mir unmöglich.«

In seinem Delirium umwarb er eine Telefonistin nach der anderen, aber die Nummer entdeckte er nicht. Alle Hustenanfälle auf der Straße konnten Maria sein. Einmal ließ sie durchblicken, daß sie ins Kino Curitiba gehen würde. Gut rasiert stellte sich João am Eingang zur Schau. Zwei Mädchen gingen hinein, die eine gab der anderen ein Zeichen. Mit kalten Händen und stark klopfender Stirnader wartete er auf sie am Ausgang. Diesmal schauten sie ihn nicht an. Kaum kam er nach Hause, läutete das Telefon:

»Entschuldigen Sie, mein Lieber. Ich konnte nicht aus dem Hause.«

Mit magischer Kunst hatte sie ein Bild von João hervorgezaubert.

»Herrje! Die unwiderstehlichen Augen von Kaiser Pedro I.«

Sie konnte es sich nur von einer seiner früheren Freundinnen beschafft haben. Also begab sich João auf die Jagd nach jeder einzelnen, ohne Ergebnis. Er verfolgte unzählige Alte und Junge, vorzugsweise die Häßlichen, eine Verkrüppelte im Rollstuhl, eine Zwergin, eine kleine Bucklige, eine Einäugige. Keine von ihnen war es: man brauchte nur ihre Stimmen zu hören.

Als Maria berichtete, daß sie von ihrem Fenster aus die Bäume eines kleinen Platzes sehen könne, widmete er sich Nacht um Nacht dem Rundgang auf allen

Plätzen. Unter jedem erleuchteten Fenster blieb er stehen und spähte. Das einzige, was er damit erreichte, war ein Anruf vom Nachtwächter.

Eine ganze Woche lang Schweigen. Er schlief nur mit dem Äthertuch auf dem bärtigen Gesicht und tiefen Augenringen.

»Ich bin operiert worden, Liebling.«

»Aber was war es denn?«

»Das linke Knie ... Frag nicht weiter!«

Es ging ihr bereits besser, sie kommentierte zwei Filme, war bei einer Tanzveranstaltung, beschrieb den Saal und die Kleider.

»Ich muß einhängen. Man klopft an die Tür.«

Minuten später:

»Die Gefahr ist vorbei.«

»Wer war es denn?«

»Mein Liebhaber, du Dummerjan.«

Monate vergingen. Wenn sie andeutete, die Veilchen verwelkten aus Sonnenmangel, war das für João genug, allen Blumentöpfen an den Fenstern den Hof zu machen. So sehr flehte er, daß Maria ihn wissen ließ, sie sei 19 Jahre alt und braunhäutig mit grünen Augen.

Braunhäutige Mädchen mit grünen Augen sind nichts Gewöhnliches, alle verfolgte João bis zur Haustür. Gerührt schickte sie ihm ein Bildnis mit der Post. Ohne Widmung, es war oval, wie aus einem Medaillon herausgenommen, von den Jahren vergilbt. João zeigte es seinen Freunden auf der Suche nach dem kleinsten Indiz.

»Es sieht aus wie das Bildnis einer Verstorbenen«, bemerkte einer von ihnen.

Im Ernst oder im Scherz besuchte er die Friedhöfe – auf keinem Grabmal fehlte ein Bildnis. Nicht einmal die verblichenen Züge stimmten mit der Beschreibung überein, der arme Junge fühlte sich verloren: die Stimme versagte, längere Sätze erstickte ein hartnäckiger Husten.

»Bin sehr krank, Liebling. Eine Reise. Ich weiß nicht, ob ich wiederkomme.«

»*Ich* bin krank. Von Liebe zerfressen. Haben Sie kein Mitleid, Maria?«

»Bitte. Sie quälen mich, Liebling.«

»Was haben Sie denn nun eigentlich? Krebs am Knie?«

Sie lachte, sie war ein charaktervolles Mädchen.

»Also ist es wirklich Schwindsucht?«

Noch immer lachend mußte die Arme husten.

Auf dem Tiradentes-Platz begegnete er einem Mädchen, das ihn anlächelte. Irgendwie war sie dem Bildnis ähnlich, mager und blaß, beinahe hübsch. Er sprach sie ohne Umstände an:

»Sie sind Maria.«

»Ich kenne Sie nicht. Ich heiße auch nicht Maria.«

»Haben Sie nicht gesagt, Sie gingen auf Reisen?«

»Sie verwechseln mich mit jemand anderem«, und sie hüstelte, das Tüchlein am Mund.

João ließ sich auf das Spiel ein und erkundigte sich dann und wann nach dem berühmten Fabinho. Von Leidenschaft überwältigt – durch die Stimme? durch das Mädchen? durch das Bildnis? – bat er um ihre Hand. Trotz aller Zweifel an ihrer Identität – war das Telefon nicht still geworden?

Einen Monat später schloß er den Koffer. Seine

Frau ging aus dem Zimmer, elegant in ihrem blau punktierten Kleid und den Strickhandschuhen. Das Taxi hupte unter dem Fenster. Im gleichen Augenblick klingelte das Telefon.

»Ich gehe schon ran, Liebling. Hallo?«

»Bist du es, Schatz?« Abermals das trockene Hüsteln. »Ich bin wieder zurück.«

Seine Frau rief vom Korridor aus:

»Kommst du nicht, João?«

Ohne ihr zu antworten, ließ er sich auf den Stuhl fallen und bedeckte sein Gesicht mit den Händen.

Er ist ein großer Kerl mit dröhnender Stimme, die Kinder vergöttern ihn. João kommt nicht gut mit Maria aus – sie ist ehrgeizig, will das Haus mit Krimskrams und Firlefanz schmücken. Er verdient wenig, kann kaum die allernötigsten Ausgaben bestreiten. Spart er ein bißchen Geld, gleich geht es wieder heraus mit dem Asthma des Säuglings, einem Goldzahn für seine Frau. Sie ist nicht weniger geschäftig: verrichtet alle Arbeiten, plättet die Wäsche der Kinder, näht die Hemden des Mannes. Hat sich aber nicht abgefunden mit ihrem Schicksal, demütigt ihren Mann in Gegenwart der Schwiegermutter.

Um nicht mit ihr streiten zu müssen, nimmt er seinen Hut, schlägt die Tür zu, betrinkt sich in der Kneipe. Einer der Kleinen hält ihn am Jackenzipfel fest:

»Geh nicht, Papa. Bitte, Pappi.«

Er ist gerührt, weil man ihn Pappi nennt. Widerwillig wendet er sich dem Weibsbild zu: in jedem Auge einen braunen Schrei des Hasses.

»Väterchen wird noch eine Runde drehen.«

Obwohl so groß und stark, betrinkt er sich leicht mit einigen Gläsern Cognac. In kläglichem Zustand, mehr stammelnd als redend, ist er der Clown der Pinte. Und schlimmer als das, er fühlt sich unglücklich, verlangt nach der Geborgenheit des angenehmen Körpers seiner Frau.

Je mehr sie streiten, desto mehr trinkt er, fehlt Geld in der Haushaltskasse. Maria putzt sich heraus, stark geschminkt, von der groben Hausarbeit verbraucht.

Zur Verzweiflung von João und zum Entsetzen der Familien singt die arme Frau – häßlich, großnasig – am Waschtrog und vor dem Spiegel die tausend Karnevalsschlager. Die Kinder auf der Straße sich selbst überlassend, ist sie damit beschäftigt, ihre Augenbrauen zu zupfen und ihren Rock zu kürzen – das Geklimper ihrer billigen Armreifen.

Mit einer Nachbarin von üblem Leumund schreibt sie sich ins Nachwuchsprogramm ein:

»Ich bin eine exklusive Künstlerin«, rühmt sie sich hochnäsig. »Ich bekomme ein dickes Gehalt!«

Den Kollegen vom Rundfunk spendiert sie Salzgebäck und Bier. João stiehlt sich durch die Hintertür davon, beschämt wegen seines unrasierten Gesichts. Er kommt betrunken zurück, und Maria verrammelt die Zimmertür, er ist genötigt, auf dem Sofa im Wohnzimmer zu schlafen. Es ist eine Winternacht, der älteste Sohn bringt ihm eine Decke, als er ihn stöhnen hört:

»Schlaf, Pappi!«

Bei jedem Erfolg von Maria – den fünften Preis beim Karnevalsschlager, dem Bild in der Zeitung, dem Brief mit der Bitte um ein Autogramm:

»Sie wird schon noch ausgepfiffen werden«, lautet Joãos Kommentar. »Bei einem schönen Durchfall wird sie schon lernen.«

Aber nein – wer ist denn das, die Dame mit dem blondierten Haar? Nach Hause begleitet sie, zu nachtschlafender Stunde, der jeweilige Partner ihres Künstlerlebens. Bald der Tangosänger, bald der Magier der okkulten Wissenschaften. Sie verweilt lange unter Küssen in der Haustür, und die Mütter verbieten ihren Kindern, mit den beiden Jungen zu spielen. João weiß, das ist das Ende – eine verheiratete Frau, die sich das Haar färbt, ist nicht seriös. Er schläft nun im Brennholzverschlag, auf einer schmutzigen Liege zusammengekrümmt, die Flasche in der Hand.

Zwei Tage schließt er sich ein (seine eigene Kraft erschreckt ihn, er schlägt nie seine Kinder), brüllt Schimpfwörter und bearbeitet die Wand mit Faustschlägen. Maria packt ihre Koffer und kehrt, ohne daß die Kleinen sich von João verabschieden können, in ihr Elternhaus zurück.

Dort läßt sie die Kinder und freundet sich mit dem Pianisten eines Nachtclubs an. Eine weitere Tänzerin, die die Kunden zum Trinken animiert. Der Pianist, lasterhaft und schwindsüchtig, nimmt ihr das Geld ab, und, wenn sich der Abend nicht rentiert, bezieht sie Schläge.

Der Prügel müde, kehrt sie ins Elternhaus zurück. Da geht die Alte auf die Suche nach João und schlägt ihm einen Friedensschluß vor.

»Sie soll bleiben, wo der Pfeffer wächst. Ich will Maria nicht, und wenn sie mit Silber bemalt wäre.«

Von der Fabrik wegen Trunkenheit entlassen, bringt er sich mit Gelegenheitsarbeiten durch. Als er die Jacke anzieht, kriecht eine Kobra aus dem Ärmel, er wirft sie brüllend ins Feuer. Eine haarige Spinne beißt ihn in den Nacken; zwecklos, sie mit dem Schuh zu zertreten, aus einer entstehen zwei und drei – er kauert sich furchtsam in einer Ecke zusammen und verbirgt den Kopf auf den Knien.

Sonntags bekommt er Besuch von seinen Kindern, die ihm die Schwiegermutter schickt. Sie vergnügen sich auf dem öffentlichen Spazierweg damit, den

Äffchen zuzuschauen. Der Vater kauft Erdnüsse und Popcorn, die alle drei mit Entzücken knabbern. Er entfernt sich still und heimlich; und hinter einem Baum greift er nach der Flasche, die ihm aus der hinteren Hosentasche herausschaut – seine Hände hören auf zu zittern. Die Kinder wenden die Augen ab: löcherige Schuhe, zerschlissene Hose, Jacke ohne Knöpfe. Die riesige Hand streichelnd:

»Nein, Pappi. Trink doch nicht mehr, Papa!«

Tränen laufen über die große pilzrote Nase. Er verabschiedet sich mit einem zahnlosen Lächeln. An der Straßenecke schlürft er den Zuckerrohrschnaps bis zum letzten Tropfen aus.

Delirium im Straßengraben, dreimal in die Anstalt gebracht. Die schreckliche Entgiftungskrise, zwei Wochen später entlassen. Kaum läßt er das Portal hinter sich, geht er in die erstbeste Kneipe.

Maria fällt in die Arme des Magiers der okkulten Wissenschaften und, da man ihr verbietet, mit einer so entsetzlichen Stimme zu singen, tröstet sie sich am Wäschetrog. Weder der Geliebte noch die Alten wollen etwas wissen von den kleinen Kerlchen, die in einem Waisenhaus untergebracht werden.

Jeder erlernt ein Handwerk, und am letzten Sonntag im Monat gehen sie mit Erlaubnis der Nonne frisch gekämmt zum Haus des Vaters. Noch im Bett liegend kuriert er seinen Kater aus; nach einigen Schlucken fühlt er sich besser. Die Kleinen fegen das Haus, zünden das Feuer an, die Augen vom Rauch gereizt. Zum Mittagessen bieten sie Brot mit Kaffee und rosa Salami an. Im Bett sitzend, begnügt sich der Vater damit, ihnen beim Essen zuzuschauen. Er lächelt friedlich, einer von ihnen trocknet ihm den kalten Schweiß von der Stirn. Ohne Mut, ihn zu verlassen, bleiben die Kinder während der Nacht an seiner Seite: er redet Unsinn, zittert von Kopf bis Fuß, Schaumbläschen zerplatzen im Mundwinkel.

Die Jungen schlafen ein, hören das häßliche Röcheln des Ertrinkenden. Der Ältere wacht mitten in der Nacht auf, sieht den Vater still daliegen, mit weißen Augen. Er spricht mit ihm, er rührt sich nicht. Er bekommt es mit der Angst und ruft seinen Bruder:

»Pappi ist gestorben.«

Ohne zu weinen, am Bettrand zusammengekauert, lauschen sie den morgendlichen Sperlingen.

»Herr Doktor, ich bin von meinem Verlobten entehrt worden.«

Ohne Erfolg stellte ihr João drei Jahre lang nach – er war dick, nicht einmal hübsch.

»Die Männer scheinen Sie sehr zu belagern.«

»Noch mehr, seit ich Schwarz trage.«

»Schwarz steht Ihnen gut.«

»Es bedeutet Trauer ... Um meine Mutter.«

»Ach so, herzliches Beileid.«

João schmeichelte sich derart ein, daß er als Verlobter in spe akzeptiert wurde. Gute Umgangsformen, sanfte Worte, dort am Portal. Vom Portal drang er bis zur Veranda vor. Als privilegierter Verlobter installierte er sich auf dem Sofa im Wohnzimmer.

Mit niedergeschlagenen Äuglein dreht sie am Ring an ihrem Finger: João verlangte den Liebesbeweis, völlige Hingabe.

»Den Ring haben Sie von ihm bekommen?«

»Nein, Herr Doktor. Ich habe ihn gekauft. Ich betrachte mich als Braut.«

Maria vergaß, daß er häßlich war und verliebte sich in ihn bis über beide Ohren: er war nicht nur Torwart, sondern auch noch Meister auf dem roten Motorrad. Sosehr bedrängte er sie, daß Maria, müde, ihn leiden zu sehen, endlich nachgab.

»Geschah es im Wohnzimmer?«

»Im Stehen. Ich gehörte mir selber nicht mehr.«

Ein ganzes Jahr lang: stehend im Wohnzimmer. Auf dem neuen Sofa war es zu eng. Auf dem Teppich liegend.

»Wie alt waren Sie damals?«

»Dreiundzwanzig. Noch nicht ganz.«

»Hatten Sie Angst, daß Ihre Eltern kommen würden?«

»Sie blieben in der Küche.«

Die Alten hörten Radio und legten in der Küche Patience. Die Verlobten angsterfüllt im Wohnzimmer.

»Quälerische Beziehungen?«

»Ja.«

Im peinlichsten Augenblick dreht sie wütend an ihrem Ring, ist niedergeschlagen.

»Ohne den Frieden eines Bettes, nicht wahr?«

»Jawohl, Herr Doktor.«

Sechs Monate später Übelkeitsgefühle, dicker Bauch. In ihrer Verzweiflung schlug sie ihm vor zu fliehen, um zu heiraten – haben Sie seit jenem Tage João gesehen, Herr Doktor? Ich auch nicht.

Maria konsultierte einen Arzt: Schwangerschaft war es nicht, nur eine geschwollene Leber. Ein bejahrter Herr, kalte Hand, klopfte sie ausgiebig ab: *Sie sind ein mageres junges Mädchen. Sie müssen weitermachen. Wegen der Gesundheit.*

Das Medikament für die Leber ließ sie zunehmen, sie bekam wieder Farbe. Ihr Beichtvater, ein Kapuzinermönch, riet ihr, Nonne zu werden.

Die ewig kranke Mutter starb. Nach der Beerdigung wurde sie von einem lauten Motorrad fast überfahren: João, der Schurke, mit einer Blondine auf dem Rücksitz. Sie erfuhr, daß er seine Papiere in Ordnung brachte, um die andere zu heiraten. Sie beschloß, ihr Recht zu suchen, einen vertrauenswürdigen Anwalt anzuhören.

Ein Elend, da sie großjährig ist, ist kein Rekurs möglich; wer weiß, vielleicht wäre ein Schadenersatz denkbar gewesen, wegen des gebrochenen Heiratsversprechens.

»Das will ich aber gar nicht«, und sie dreht wie besessen an dem Ring. Ein Gesetzesartikel existiert nicht, der die Heirat mit der Blondine verhindern könnte. Wollen Sie einen guten Rat? Ein neues Leben in einer anderen Stadt beginnen. Wenn João sich seiner Heldentat rühmt, wird sie ins Gerede kommen.

»Sie finden schon noch den Märchenprinzen. Das ist gar nicht so schwer. So hübsch wie Sie sind.«

»Wenn ich heirate, wird mein Mann den Vorfall gegen mich ausspielen.«

»Unsinn, Mädchen. Jungfräulichkeit ist eine Konvention. Sie können sich ruhig als Jungfrau betrachten: wer sich aus Liebe hingibt, ist doppelt rein! Sie finden schon Ihren Märchenprinzen – es kann gar nichts schiefgehen, Sie sind doch sehr niedlich. Wenn er erst sagt: *Maria, ich liebe dich,* dann erzählen Sie ihm die Geschichte. Er heiratet in voller Kenntnis des Sachverhalts. Später kann er dann nicht mehr reklamieren.«

»Wenn João die andere heiratet, trete ich ins Kloster ein.«

»Sind Sie gläubig?«

»Nicht besonders.«

»Sie wollen sich rächen. Ist João wenigstens hübsch? Wie alt ist er?«

»Fast vierzig. Dick. Alles andere als hübsch.«

»Ein Mädchen wie Sie hat er gar nicht verdient. Übler Charakter, leichtsinnig, unwürdig, geliebt zu werden.«

»Ich mag ihn immer noch. Ich habe geschworen, mich nie mehr hinzugeben.«

»Ich wette, er war nicht der einzige.«

»Ich hatte andere kleine Liebschaften.«

»Auch der erste Kuß war nicht von ihm.«

»Ich hatte viel unter der Verfolgung der Männer zu leiden. Als ich ein junges Mädchen war ...«

»... entfaltete sich die Blume ...«

»... sagten alle, mein Körper sei hübsch. Zwangsläufig war ich der Blickfang bei den Faschingsumzügen.«

»Ihre Beine beispielsweise sind ganz entzückend.«

»Ich weiß es nicht.«

»Ist der Busen hübsch fest?«

Fast erstickt sie vor Schrecken. Glutrot zieht sie den Ring vom Finger.

»Sonst können Sie nicht der Blickfang sein.«

»Ja« ... mit versagender Stimme und nervösem Auflachen.

»João ist nicht der Richtige für Sie. Dick und verlebt.«

»Ich will meinem Verlobten treu sein.«

»Seien Sie sich selber treu! Sie sind keine Witwe. Sind die Anmut in Person.«

»Bis Jahresende werde ich eine Braut des Himmels sein.«

»Bloß nicht ins Kloster ... Sinnlich wie Sie sind. Ich wette, Sie haben sich João schon am ersten Tage hingegeben.«

»Um Gottes willen, Herr Doktor.«

»Appetitlich, wie Sie sind, können Sie wählen. Einen seriösen Herrn, der Vertrauen verdient. Sie dürfen sich nicht Entbehrungen auferlegen. Es ist eine Notwendigkeit, kleine Maria. Der Arzt hat recht. Was hat er gesagt?«

»Ich soll nicht unterbrechen.«

»Zu Ihrem Wohl. Es regt die Leber und die Bauchspeicheldrüse an. Ich wette, Sie schlafen nicht ordentlich.«

»Ich träume viel und rede im Schlaf.«

»Habe ich es nicht gesagt? Sie sind eine Heldin! Ohne rechte Entspannung und noch dazu auf der Straße verfolgt.«

»Noch dazu in schwarzer Kleidung.«

Ich bin verrückt auf Mädchen in Trauerkleidung mit flachen Absätzen, und ohne sich den Aschenbecher zu holen, verstreut er die Asche auf dem Teppich. Mit niedergeschlagenen, von der Stirnfranse verdeckten Augen spielt das Mädchen unaufhörlich mit dem Ring.

»Bei mir haben sie kein Glück. Sie können pfeifen, ich sehe nicht hin. Ein Freund von João hat sogar gesagt: *Die kann vor Stolz nicht aus den Augen schauen.*«

»Wählen Sie eine Respektsperson! Begreifen Sie Ihr Problem! Ein Anwalt ist wie ein Pater, meine Tochter!«

»Wie ein Pater?« und sie beißt sich auf die kleine Lippe.

»Hat der Kapuziner Sie mißbraucht?«

Ja, ein Kopfnicken.

»Wie kam das?«

»Im Beichtstuhl. Ich erzählte ihm den Fall mit João. Ich bat um die Absolution: Ich habe gesündigt, Vater. ›*Nein, meine Tochter*‹, gab er zur Antwort, ›*der Sünder bin ich.*‹ Wie das, Vater? ›*Ich habe mich in Sie verliebt.*‹ Blitzende Brille hinter dem Gitter, er zischelte unsittliche

Worte. Bis ich ein Kreuz schlug und weinend fortging.«

»Ein Beweis mehr, daß das Kloster nicht in Frage kommt.«

»João kommt nicht in Frage. Das Kloster kommt nicht in Frage. Ich bitte Sie um einen Rat und Sie, Herr Doktor, geben mir keinen. Soll ich mich dem erstbesten Mann auf der Straße hingeben?«

»Aber nein, kleine Maria. Sie verdienen die Zärtlichkeit eines aufmerksamen, erfahrenen Herren mittleren Alters.«

Sie schaut ihn rasch an, ohne den Kopf zu heben.

»Sie denken wohl, ich sei eine Hergelaufene. Sie sind doch verheiratet.«

»Und Sie eine echte Versuchung.«

»Das bin ich nicht. Ich kenne mich. Ich habe einen Spiegel zu Hause.«

»Sie können sich nicht beurteilen. Laß einmal die Liebeslinie deiner Hand ansehen!«

Unschlüssig schaut sie ihre linke Hand an. Er ergreift die rechte, die ihm näher liegt:

»Haben Sie gesehen? Ganz wunderbar – sie reicht bis zum Handgelenk.«

Er will die Fingerchen festhalten, die sie kräftig zurückzieht.

»Wenn ich mich einem anderen hingebe ... Und dann versöhne ich mich mit João. Kann ich schwören, daß ich keinem anderen angehört habe?«

»Es langt doch, kleine Maria, wenn Sie für jemanden leiden, der es gar nicht verdient. João kommt nicht wieder. Ein Idiot. So ein reizendes Mädelchen verschmähen ... Wer weiß, ob er überhaupt ein richtiger Mann gewesen ist.«

Sie schaut ihn zum ersten Mal an:

»Das war er. Und ich sagte schon, daß ich nicht hübsch bin. Ich weiß, ich bin häßlich.«

»Aber gewiß doch. Sehen Sie nur Ihr Bein an – es ist völlig verbogen. Sie haben breite Schenkel (eitles Lächeln der rundlichen Hüften). Ihr Haar ist kraus. Der Busen welk. Das häßlichste Weibchen der Stadt.«

Sie ruht ihre Hand auf der köstlichen Kurve des Knies aus. Hoppla, schon steht sie auf.

»Sie sind spröde.«

O je, Unglückselige! ... Er redet daher wie ein betrunkener Papagei. Wie viele Jahre läuft er hinter dem spröden Mädchen her?

»Sie sind der zweite Mann, mit dem ich allein bin.«

Zuerst verweigert sie die Hand. Dann das Knie. Ich muß mir die Demütigung der dritten Ablehnung ersparen.

»Wollen Sie mir keinen Rat geben, Herr Doktor?«

»Ich habe ihn schon gegeben, meine Tochter. Kommen Sie demnächst wieder. Sie sind nervös. Sie werden noch einsehen, daß ich recht habe. Sie können auf mich vertrauen.«

Im Stehen prüft sie das Diplom an der Wand.

»Ein Mädchen bittet Sie um einen Rat. Und Sie empfehlen das Schlimmste.«

Ärgerlich stößt er den Rauch aus:

»Gewiß, Maria. Eine rechtliche Grundlage ist nicht vorhanden.«

Er steht auf, um sie zu verabschieden, wandert in Richtung Tür. Zum letzten Abschied streift er, neben ihr, über ihr langes braunes Haar.

Maria dreht sich rasch um, schlingt ihm die Arme um den Hals, küßt ihn wütend auf den Mund. Überrascht biegt er den Arm weg, die Zigarette in der Hand. Ein naschhafter Kuß, halb erlitten, halb gebissen – die Zigarette fällt brennend auf den Teppich. Sie knirscht mit den Zähnen, reibt sich an ihm, schiebt die Hand unter das Hemd: ein Knopf springt weit weg.

»Dort auf dem Sofa, Maria.«

Erstickte Klage, aber sie weicht nicht von der Stelle.

»Immer noch Träume? Abmagern? Nachts schwitzen?«

Das Weiße in Augen beim Schwindel der Seufzer. Plötzlich schamhaft läßt sie sich in den Stuhl fallen, schnauft leise.

»Nicht weinen, Liebling. Nicht weinen.«

Er hebt sie freundlich mit hoch, sie weicht aus.

»Fassen Sie mich nicht an! Fassen Sie mich nicht an! Warum bin ich hergekommen, heilige Mutter Gottes?«

Auf Zehenspitzen küßt sie ihn wie rasend, ein hungriges Jungtier, das die Zunge auf der Suche nach Nahrung vergräbt.

»Wie macht man das hier auf?«

Drei Knöpfe an der langen Hose. Als sie geöffnet sind, gleitet die Hose abwärts. Leicht fällt der rosa Schlüpfer. Ein Leberfleckchen wird sichtbar, o wie reizend!

»Haben Sie Mitleid mit mir!«

Zu spät, wer hat schon mit Maria Mitleid?

Sie stöhnt und schluchzt beim Kuß der Leidenschaft, den sie ohne Begeisterung erwidert.

»Ich soll jetzt gehen, nicht wahr?«

Zerstreut sucht er nach dem Zigarettenetui.

»Habe ich keine Zigaretten mehr?«

»Was denken Sie nur von mir, Herr Doktor?«

»Daß du ganz allerliebst bist.«

Sie bringt ihre Franse in Ordnung, verwahrt ihr Spiegelchen:

»Ist mein Busen, den Sie so gelobt haben, etwa nicht fest?«

Er drückt nachlässig einen nach dem anderen.

»Zwei Steine, so hart sind sie.«

Ganz ernsthaft steht sie an der Tür, mit ihren schwarzen Strickhandschuhen.

»Wenn Sie das irgend jemandem erzählen, Herr Doktor, bringe ich mich um.«

»Dann wirst du dich nie umbringen. Komm wieder, Mädchen!«

»Ich weiß nicht ...«

Ich weiß, sie wird wiederkommen, die kleine Himmelsbraut.

João war mit Maria verheiratet und sie wohnten in einem Zwei-Zimmer-Holzhäuschen in Juvevê; die Straßen waren verschlammt, er wollte nicht, daß sich die Dame die Füßchen naß machte. Joãos Fehler war, er war zu gut – er gab alles, worum sie ihn bat.

Kellner im »Gürteltier«, arbeitete er bis tief in die Nacht; eines Nachts kam er früher zurück, die beiden Töchter waren allein, die kleinere hatte Fieber. João brachte ihr Zuckerwasser, und, sobald sie schlief, hielt er an der Straßenecke Ausschau. Maria erschien eng umschlungen mit einem anderen Mann, verabschiedete sich mit einem Kuß auf den Mund. Er ging wütend auf sie los, verjagte den Liebhaber. Auf den Knien gestand sie ihm ihre Schwangerschaft.

João war herzensgut und sanft und Maria war sein ein und alles, für ihn gab es keine andere: sie zogen aus Juvevê nach Boqueirão um, wo die dritte Tochter auf die Welt kam. Sie hießen alle Maria: Maria vom Licht, von den Schmerzen, von der Gnade. Bei so vielen Marias vertraute João darauf, daß sich seine Frau bessern würde. Erblickte er sie nicht im Kimono, wie sie einem Polizei-Sergeanten Küsse zuwarf?

Die Heimkehr war traurig, er überraschte den Sergeanten ohne Uniformjacke, wie er aus dem Fenster sprang. In der Illusion befangen, daß Maria bereuen würde, baute er mit den Ersparnissen und Trinkgeldern von tausend durchstandenen Nächten (ach, seine armen Beine waren blau von Krampfadern!) einen wunderhübschen Bungalow in Prado Velho.

Maria, Sünderin an Seele, Leib und Leben, lernte nicht aus ihren Verfehlungen. Kaum kehrte ihr João den Rücken, ließ sie die Töchter bei der Nachbarin und ging mit goldenem Lidschatten aus. Wurde die Geliebte des Fahrers im Omnibus Prado Velho – Tiradentes-Platz, sie stieg stolzgeschwellt durch die Vordertür ein, ohne für die Fahrt zu bezahlen.

Eines Nachts wurde das Haus mit Steinen beworfen – die Frau des Fahrers rächte sich an den Fensterscheiben. Maria schlug ihre Töchter, damit sie schreien sollten. Angesichts des Skandals verkaufte João den Bungalow mit Verlust, zog von Prado Velho nach Capanema.

Maria verknallte sich in einen Spitzbuben mit feinem Schnurrbart und braunen Schuhen mit weißer Spitze. Sie machte sich gar nicht erst die Mühe auszugehen, sie empfing den Burschen zu Hause. Es war der berühmte Candinho von den heiteren Nachtgelagen, der die Kinder mit Honigkugeln und Kartentricks entzückte.

João fand eine seidene Unterhose auf der Wäscheleine – das kostbare Monogramm war ein übergroßes C. Er zerriß sie in Streifen und rief seine Schwägerin, damit sie die Schwester auf den rechten Weg brächte. Zu seinem Pech war auch bei ihr Hopfen und Malz verloren. Candinho tauchte mit einem Partner auf, der der unansehnlichen Schwester den Hof machte. Maria bereitete Salzgebäck vor samt eisgekühltem Mixgetränk aus Maracujá. Im Schlafzimmer eingeschlossen, hörten die kleinen Mädchen das ausgelassene Gelächter ihrer Mutter.

João hatte kein Glück: er kam früher nach Haus, traf den Galan an. Angefeuert von der Frau, flüchtete Candinho nicht, die beiden stritten sich. Der Ehemann griff nach dem gezackten Brotmesser. Maria deckte mit ausgebreiteten Armen ihren Geliebten. João bemerkte den Umfang ihres Bauches, ließ das Messer fallen. Kummer im Herzen, schlief er im Wohnzimmer bis zur Geburt der vierten Tochter – wieder eine Maria, um die Mutter von ihrem bösen Wege abzubringen. Sie kam aus der Entbindungsanstalt, da verzogen sie eilig von Capanema auf die Anhöhe von Mercês.

Frauen sind unvernünftig, Maria gab sich wieder mit besagtem Candinho ab. Am Sonntag, João war zu Hause, schützte sie vor, Hustensaft für eine der Töchter kaufen zu müssen. Der arme Gatte verlangte, daß sie die ältere mitnähme. Da gingen nun die drei – die Frau, der Geliebte und die Tochter – Hähnchen am Spieß essen. Das kleine Mädchen fühlte sich vor dem Vater schuldig, schlief nur bei Licht, die Dunkelheit war für sie von kleinen Teufelchen bevölkert.

João ertrug die schlimmsten Schändlichkeiten in der Öffentlichkeit und in Gegenwart seiner Töchter. Wer hatte behauptet, die Frau würde sich bessern? Zunächst nur mager, wurde er nun zum Skelett, im Zwölffingerdarm eine offene Wunde.

Er nahm die Schwiegermutter bei sich auf, verzog von Mercês nach Água-Verde. Abermals flatterten am Wäschedraht ein Hemd und eine Unterhose mit Monogramm und Blümchen. In seiner Verzweiflung warf João die Schwiegermutter aus dem Hause. Er zeigte die Wäschestücke der ältesten Tochter, die ihren Vater umarmte: sie und die Schwestern blieben bis zwei Uhr morgens allein, während die Mutter auf der Straße spazierenging. Sie präsentierte sich mit einem parfümierten Herrn, der den Kindern Honigkugeln schenkte. Die Mutter servierte ihm Makkaroni mit Rotwein, und sie lachten schallend. Das Mädchen schlief nicht, weil ihm einfiel, daß ihr Vater zwischen den Tischen hin und her lief.

Bevor João von Água-Verde nach Bigorrilho umzog, flüchtete Maria mit ihrem Liebhaber und hinterließ eine Botschaft, die mit Kaugummi auf den Spiegel am Frisiertischchen geklebt war:

»Da mein Herr Gatte eine sanfte Memme ist, komme ich gleich zurück und hole mir die Mädchen, die alle mein Blut haben, du weißt, daß sie nicht von dir sind, du bist für sie nur ein Fremder, und falls du dazu keine gute Miene machst, erkläre ich, wer ihr wahrer Vater ist, nicht nur ihnen, sondern allen Leuten im ›Gürteltier‹, das sage ich, damit du aufhörst, ein Kretin zu sein und hinter meinem Rock herzulaufen, ich empfinde nur Verachtung, für mich bist du ein Nichts.«

Tage später telefonierte Maria, er möge sie abholen, sie sei, krank und hungrig, von Candinho in einer Frauenpension verlassen worden. João war sanft und Maria sein ein und alles; es gab keine andere für ihn. Er suchte sie in der Pension auf, sie hatte häßliche Wunden am ganzen Leibe. Dank Joãos Pflege genas sie rasch. Ein Zeichen, daß es ihr wieder gutging: auf dem Wäschedraht baumelte eine Unterhose mit einem anderen Monogramm.

Zahllos sind die Vorstädte von Curitiba: João zog nach Bacacheri um. Von dort aus nach Batel (noch eine Tochter kam auf die Welt, Maria Aparecida). Jetzt haust er glücklich in einem Holzhäuschen in Cristo-Rei.

Siebenunddreißig Nächte der Leidenschaft

In der ersten Nacht erlebte João ein Fiasko. Unter Tränen, denn er war ein unberührter Jüngling, das Unglück erwuchs aus einem Übermaß an Liebe. Die kleine Braut gab ihm ihre ganze Zärtlichkeit – und nichts. Sie liebte ihn auch, hoffte, daß er die emotionale Hemmung überwinden würde. So weit es die Unschuld erlaubte, arbeitete sie auf jede Weise mit – vergeblich. Nicht ein einziges Mal überwand der junge Mann die Lähmung. Er versagte von der ersten bis zur letzten Probe, erfolglos blieb sogar geschlagenes Ei mit Weißwein. Einen Monat später war João immer noch jungfräulich.

Beide schworen sich, sie wollten immer jungfräulich leben – Hand in Hand schliefen sie bei brennendem Licht. Dann plötzlich ein Versuch nach dem anderen, als ginge es um Leben und Tod.

»Aufgepaßt, Liebling!« schimpfte das Mädchen erschrocken. »Du bringst dich noch um.«

Sie fühlte Joãos betrübtes Herz in ihrer eigenen Brust schlagen. Die Anstrengungen dauerten Stunden, der Körper war in Schweiß gebadet.

Halb erstickt, mit trockenem Mund, tauchte João sein Gesicht ins eisige Wasser des Waschbeckens. Mitleidlos prüfte er sich im Spiegel:

»Was für ein Elend, Alter!« er konnte das Schluchzen nicht unterdrücken. »Du bist ein Versager.«

Nur diesmal weinte er, danach brach der Zauber. Grimassen ziehend, hielt er sich im Spiegel für einen hübschen Jungen mit verführerischen Augenringen.

Er schlug vor, sie auf der Straße anzusprechen, die ewige Unbekannte, beide in einem anrüchigen Hotel eingetragen – fast wäre es geglückt, wenn das Mädchen nicht vergessen hätte, ihn »Doktor Leidenschaft« zu nennen.

Sie besuchten einen verbotenen Film, João las im Bett pornografische Bücher (was sie ablehnte, unter Hinweis auf religiöse Bedenken), probierte lustfördernde Spritzen aus. Er kam ganz erregt zu ihr, wurde aber von der geringsten Ablenkung behindert: dem brennenden Licht, dem ausgeschalteten Licht, einem Pochen an der Tür, dem Trillern des Kanarienvogels, dem Knarren des Betts, dem Tropfen eines Wasserhahns.

Der hinreißende nackte Leib der kleinen Frau, geblendet schloß er die Augen – verzweifelt rief er sich das Knie seiner ersten Lehrerin in Erinnerung, die Hinterbacken einer gewissen Negerin, ein Stück vom schneeweißen Schenkel seiner Schwiegermutter. In allen Geschäften von Curitiba suchte er nach dem berühmten magischen Ring.

Im Kino zu tausend Heldentaten fähig, fiel sein unangebrachtes Benehmen einem Wärter auf. Ziellos reisten sie im Autobus, eng aneinandergedrängt und stehend, auch wenn es noch so viele freie Bänke gab. Am Sonntag im Hause des Schwiegervaters überraschte man ihn nach dem Mittagessen mitten im Besuchszimmer, Marias linken Busen im Mund.

»Ich kann es nicht begreifen«, rechtfertigte er sich verwirrt. »Während der zweijährigen Verlobungszeit konnte ich vor lauter Drangsal kaum schlafen.«

Fern von ihr mit der größten Potenz ausgestattet – im Arm der Vielgeliebten, nichts.

»Ich kann mich nicht konzentrieren. Zwischen zwei Küssen fallen mir andauernd Schlager ein: ›Dies mein Bett ist auch das deine‹ oder ›Meine Heimat wiegen Palmen‹.«

Nach solch wütenden Anstrengungen, die bei ihm kein Resultat erbrachten, Zeichen der Verwirrung bei Maria – Röte im Gesicht, zitternde Nasenflügel, atemlose kleine Brust.

»Du Hündin!« Er konnte seine Entrüstung nicht verbergen. »Du ekelst mich an.«

Das arme Mädchen schluchzte. Er trank ihre Tränen und schrie – Ungeheuer, Miststück, Elende. Dann fuhr er sie wieder an:

»Du bist schuld daran.«

»Ausgerechnet ich Ärmste, João.«

»Du weißt nichts – bist eine Ignorantin.«

»Wie sollte ich es denn wissen, mein Gott?«

»Was für eine Manie, immerzu von Gott zu reden! Deshalb ... kann ich nicht ...«

Er verlor seinen Glauben: wenn Gott den Schlüssel zum Paradies versteckte, war nichts mehr heilig.

»Sprich jetzt nicht mehr. Halt still!«

Erschöpft schloß Maria die Augen.

»Mach die Augen auf!«

Beim geringsten falschen Alarm ein Ruf zu den Waffen:

»Sag, ich bin ganz verrückt nach dir!«

»Jetzt mußt du seufzen.«

»Schrei ganz laut!«

Sie folgte diesen Manövern, ein Schrei zu viel, zwei Seufzer zu wenig.

»Verflucht. Du hast mich ins Unglück gestürzt ...«

Ihr den Rücken zukehrend, beleidigt. »Habe ich dir nicht gesagt, du solltest stöhnen?«

Als ein Monat vergangen war, erzählte die Tochter es der Mutter: so unberührt wie in der ersten Nacht. Die Eltern beschlossen, João eine Woche Frist zuzugestehen und, wenn dann der gleiche Zustand anhielt, sollte sie nach Hause zurückkehren.

Sieben Tage, in denen sich Leidenschaft mit dem größten Haß vermischte. João erkannte seine Frau nicht und scheiterte jämmerlich.

»Jetzt eben wollte es klappen«, der Arme fluchte, vergrub das hübsche Gesicht in den Händen. »Schuld hat deine Mutter, diese Megäre!«

Er beschimpfte seine Frau als frigide, lesbisch, nymphoman. Wollte sich von ihr trennen, bevor sie ihn völlig verrückt mache. Völlig deprimiert, gähnte er bei der Arbeit. Er ließ sie eingeschlossen im Hause zurück, ohne zu den Einkäufen ausgehen zu können. Das Mädchen schöpfte Verdacht, er, der feine Junge mit den zarten Gebärden, könne am Ende ... ich weiß nicht was ...

Maria wiederholte die eingelernte Lektion: sie wollte Mutter von Kindern werden. Als er sie so entschlossen sah, flehte er sie an, ihn weniger hochmütig zu behandeln, lief den ganzen Tag mit verärgertem Gesicht herum. Sie hatte doch alles; was sie erbat, würde João ihr geben, selbst wenn er es nicht könnte. Er tauchte mit einem Pater auf, um das Haus einzusegnen. Er war schon zuvor gekommen, um die Zeitung zu bringen. Alsdann beschenkte er sie mit dicken Erdbeeren. Beim Abendessen erzählte er heitere Anekdoten. Maria ließ sich nichts anmerken und hielt wacker durch. Er kaufte in der Bar an der Ecke eine Flasche Cognac; als er vorschlug, daß sie sich betrinken sollten, erteilte ihm das Mädchen eine harte Abfuhr.

Letzte Nacht und letzter Versuch, verfehlt wie die tausendundeine, die vorausgegangen waren. Zum Abschied streichelte er den wunderbaren nackten Körper, der schlafend an seiner Seite lag. Ganz ruhig mit im Dunkeln weit aufgerissenen Augen gab er sich der einsamen Lust hin. Er zündete das Licht an, weckte sie, küßte sie von der Haarspitze bis zur kleinen Zehe. Endlich spuckte er ihr dreimal ins Gesicht. Hätte sie sich nicht im Badezimmer eingeriegelt, so hätte er sie erwürgt.

Am Morgen packte sie ihre Koffer. João schlug einen Todespakt vor, er wurde nicht akzeptiert. Er öffnete die Taxitür, verabschiedete sich mit einem Händedruck: noch liebenswerter mit seiner Krawatte mit dem Pünktchenmuster und der dunklen Brille.

Zum Sterben entschlossen, besaß er doch weder Revolver noch Gift. Er hielt den Kopf in den Gasofen, eine allzu unbequeme Position. Außerdem starke Zahnschmerzen – zunächst mußte er zum Zahnarzt gehen.

Einen Monat später die Begegnung auf der Straße. Maria entfernte sich von der Mutter, sprach ganz ungezwungen. Er konnte kaum die Zigarette anzünden, sosehr zitterte seine Hand.

Der verlebte Herr João wurde alt. Groß, brutal, wütende Gebärden. Mit den Zähnen riß er den Verschluß von der Bierflasche. Mit einem Faustschlag seiner bloßen Hand trieb er einen Nagel ins Holz. Wenn er ein widerspenstiges Kälbchen bestrafte, versetzte er ihm einen Schlag, daß es umfiel, verblutete und starb. Mit der gleichen Gewalttätigkeit machte er seiner Frau sieben Kinder, ohne ihr einen Kuß auf den Mund zu geben.

Begehrlich fiel er über das Essen her, verspritzte Reiskörner durch die Zahnlücken, sein Kinn glänzte vor Fett. Im Sessel ausgestreckt schnarchte er, wegen der Fliegen ein blaues Taschentuch auf dem Gesicht, feucht auf dem Mund.

Er ließ die Tür offen stehen und, wenn sich Frau Maroca über den Zugwind beklagte, schlug er sie mit Getöse zu. Seine Schritte ließen die Likörgläser im Glasschrank erbeben. Mit einem seligen Lächeln rieb er sich den Rücken am Türpfosten, so daß das Gemälde vom Heiligen Abendmahl schwankte. Im Stehen packte er die kleinen Negerinnen am Waschtrog. So klotzig er auch war, so oft er seinen Finger an der Zunge befeuchtete, er blieb außerstande, einen Floh zu fangen.

In seinen letzten Lebensjahren ging er schwer auf den Hacken, nicht mehr leicht auf den Fußspitzen. Er stieg nicht mehr zu Pferde, dem Schimmel bot er ein Zuckerklümpchen an und aß selber zwei. Den klebrigen Kuß auf der Hand, atmete er entzückt den Duft des grünen Pferdeapfels ein.

Am Tage nach dem Tod eines Sohnes überraschte ihn Frau Maroca vor dem Spiegel, wie er den Kamm im Waschbecken anfeuchtete und sich das Haar über die Stirn strich:

»Herrgott! Wie kannst du nur pfeifen, João?«

Splitterfasernackt, in seiner vollen Pracht, bepuderte er sich mit Talkum: der Bräutigam schmückt sich für die Hochzeit mit dem Leben. Der tote Sohn war sein Liebling, aber mußte nicht der Regen regnen und das Gras weiterwachsen? Rosig vor Appetit ließ er die Bestecke klappern und tat sich gütlich – der Arm war wettergegerbt bis zum Ellenbogen, weiter oben ganz weiß. Jetzt verfolgte er nicht mehr die kleinen Dienstmädchen, er ließ es sich bei Tisch wohl ergehen.

Herr João aß und nahm zu. Der breite schwarze Gürtel mit den leuchtenden Ösen, ein Zipfel der karierten langen Unterhose heraushängend, schleifte er den Saum der Hosenbeine über den Fußboden. Das Schnaufen seiner Nüstern verriet seine Gegenwart im Vorgarten: er hielt sich das eine Nasenloch zu und schneuzte sich kräftig durch das andere

Wegen Arthritis steifbeinig, benutzte er einen Spazierstock. Der Barbier kam auf sein Zimmer, und, wenn das Doppelkinn glatt rasiert war, konnte Herr João sich nicht ohne Hilfe erheben. Büschel grauen Haars wuchsen aus seinem Ohr. Zum Ärger von Frau Maroca vergaß er seinen offenen Hosenstall.

Das Zirpen der ersten Zikade im Garten beantwortete auf der Straße das Pfeifchen des Eismanns – es war Sommer. Aus seinem khakifarbenen Segeltuchanzug quellend spreizte er die Beine im Korbsessel; ein Bein eingewinkelt, das andere steif, mit heraushängenden

Unterhosenbändern, las er flüsternd die Zeitungen im Schatten seines Strohhuts. Um aufstehen zu können, rief er um Hilfe. Bei der Diskussion mit den Nachbarn ließ er den Spazierstock kreisen; er beschloß die Angelegenheit, indem er mit ihm auf dem Bürgersteig aufstampfte. Mit dem Spazierstock klopfte er auch an die Tür der besetzten Toilette.

Er verfiel und fraß sich voll, vor Fettleibigkeit war er so unförmig geworden, daß er sich kaum rühren konnte. Selten verließ er seine Gemächer, sein weißes Haar verwühlt, die Brille rutschte ihm von der Nase, er schleppte das Bein auf dem Kies hinter sich her.

So sehr nahm er zu, daß Frau Maroca beschloß, den Hausarzt zu konsultieren und insgeheim Medikamente in die Suppe mischte, um seinen Appetit zu zügeln. Herr João beklagte sich über das ekelhafte Essen und noch mehr über die ekelhaften Leute. Er regte sich über eine Tochter auf:

»Sie riecht ja nach Knoblauch.«

Und über eine andere:

»Dein Rock stinkt wie die Pest.«

Aufbrausend, bald aus Langeweile, bald wegen einer Laune seines Magens. Er schlief kaum noch, gequält von den tausend Flöhen der Schlaflosigkeit. Er schloß sich den ganzen Tag im Schlafzimmer ein. Frau Maroca pochte furchtsam an die Tür:

»João, komm essen!«

Noch im Stehen strich er das Tischtuch glatt, beschnupperte den Teller:

»Ih gitt, ich mag nicht ... Voll von Hühnerfedern.«

Empfindlich und traurig schüttete er den Milchkaffee auf die Untertasse und trank in kleinen Schlucken.

Beim Abschied drückte ihm sein Gevatter die Hand. Rasch kam er aus dem Korridor, wedelte mit den Fingern:

»Alkohol, Maroca! Rasch, Alkohol!«

Er packte das Glas:

»Verfluchter Negergeruch ... Fort mit dir, Gestank!«

Er ging an seiner Mäkeligkeit zugrunde, er, der einmal Rinden, Trester, Samenkörner verschlungen hatte, wagte nicht mehr, eine Orange auszusaugen.

Geschäftstüchtig lebte er von Zinsen, und immer kleinlicher versteckte er das Geld vor seiner Frau. Frau Maroca war gezwungen, Eier und Weißkäse zu verkaufen.

Im Hof nickte er schläfrig mit dem Kopf, während er die Zeitung durchblätterte. Er las die Anzeigen, denn die Nachrichten interessierten ihn nicht; Todesanzeigen entzückten ihn. Beim Vor-sich-hin-Dösen folterte ihn stets der gleiche Traum: der Riese im khakifarbenen Segeltuchanzug lockt das Mädchen an, bückt sich, als er sie in den Keller führt, spielt mit der Kleinen auf dem Knie, gibt ihr einen Pfefferminzbonbon ... Bei den Schreien des Kindes wacht er auf, den Pfefferminzgeschmack im Munde.

Eines Morgens liegt die Alte tot neben ihm im Bett. Während der Totenwache bemerkte er zu einer seiner Töchter:

»Frau Maroca war eine gute Frau. Aber sie war eifersüchtig. Und sie hatte Grund dazu. Ich war ein hübscher Kerl, das stimmt doch, nicht wahr, meine Tochter?«

Bei der Beerdigung lud er seine Schwägerin ein:

»Komm, Donana. Biskuitkuchen essen.«

Jahre später, es war ein Sonntag, wärmte er sich in der Sonne und las die Todesanzeigen.

»Nanu, was ist das denn? Ich fühle mich nicht wohl, Tochter.«

Eine Grimasse des Ekels wegen ihres Parfüms. Auf sie gestützt, mit dem Spazierstock tastend, schleppte er sich bis zum Bett. Die Tochter schloß das Fenster, ob er noch irgendwelche Wünsche habe. Herr João bat darum, allein zu bleiben. Er bedeckte das Gesicht mit dem blauen Tuch, atmete tief durch und starb.

Jedesmal wenn er zu ihr kommt, verlangt Maria, bevor sie sich hingibt, daß er um Verzeihung bittet. Sieben Jahre sind sie verheiratet, jedesmal wenn João sie besitzen will, kostet ihn das eine Pelzjacke oder goldene Ohrringe.

Da sie allzugut behandelt wird, respektiert sie ihn nicht. Im Bett serviert er ihr Tee mit Maisküchlein. Nur deshalb wäscht er ihr nicht die Füßchen, weil Maria es nicht zuläßt.

Um ihretwillen hat João seine Freunde, das Café, sogar das Cajá-Mixgetränk aufgegeben. Er war gezwungen, sich das alte Schnurrbärtchen abzurasieren; sie beklagte sich, es kitzle sie und, wenn er es nicht abnähme, würde sie ihn nie wieder küssen.

»Liebling, du magst aber doch Schnurrbärte.«

»Bei einer großen Nase trägt er nicht zur Schönheit bei.«

Beim geringsten Mißfallen erlegte sie ihm gleich die Strafe der Keuschheit auf:

»Hör auf mit deiner Hand ... Brrr, laß mich in Frieden.«

Immer war sie lustlos, ihre Entschuldigung, sie sei frigide. Er konnte sie nicht erregen; weder auf die eine noch auf die andere Weise. In seiner Verwirrung versuchte er sich zumindest an eine der vierundsechzig Stellungen des Kama Sutra zu erinnern.

»Still! Benimm dich! Mein Himmel, wie widerwärtig!«

Mitleidlos aus dem Nest mit den weißen Kolibrifedern ausgetrieben.

»Geh auf deine Seite! Sei brav, mein Bester!«

Sie zog das Deckbett an sich, ließ ihn zitternd in der Ecke liegen.

»Zerwühl mir nicht meine Frisur. Ich bin todmüde. Laß deine kleine Frau schlafen!«

Sie wollte kein brennendes Licht und keine geöffneten Augen – das war verboten. Sie ließ sich nicht ausziehen – das war eine ganz gemeine Sünde.

Im dritten Ehejahr wurde sie schwanger; wenn er sie nur umarmen wollte, fand sie das schon eklig. João wusch das Geschirr ab und wachste den Fußboden ein.

Als die Tochter auf die Welt gekommen war, bereitete er das Babyfläschchen vor (säugen wollte sie nicht, damit ihr Busen nicht aus der Form geriete), stand nachts auf, wenn das Baby weinte – und er wusch sogar die Windeln aus. Die Kleine war krank, starb bald.

Maria verweigerte sich drei Monate lang – die Trauerzeit. Sie machte sich ganz klein, die Geburt hätte ihr so zugesetzt. João konnte sich wappnen gegen ihre Eitelkeit, ihren Egoismus, ihre Frigidität. Gegen ihre Niedlichkeit war er machtlos: nackt, ganz und gar nackt war sie ein blühender Pfirsichbaum, auf dem Zeisige zwitscherten.

»Nein, ich will nicht. Ich bin deprimiert. Herrje, was für ein unmöglicher Mensch.«

Man mußte sie mit Weihrauch, Gold und Myrrhe bestechen.

»Jemine, wie ungeschickt! Stößt mir blaue Flecke ... immer alles auf einmal.«

Wenn er bei so viel Kritik versagte, sah er sich in seinem Elend verhöhnt:

»Siehst du wohl? Hast du wohl gesehen? Das geschieht dir recht. Das wird dir eine Lehre sein.«

Eine Blondine im fabelhaften roten Kleid. João starrte sie beim Schuhanziehen andachtsvoll an; der kleine Hintern war eine Musikkapelle mit Trommeln und Fahnen.

Sie liebte ihn nicht, armer João, er wurde aufgefordert, seine Zigarettenmarke zu wechseln. Er durfte nicht einmal ein Gummiband am Arm benutzen, um seinen Hemdsärmel zu verkürzen.

Er setzte sie unter Alkohol, ganz nackt, im Schein der Lampe – das langanhaltende, unzüchtige Winseln des Genusses.

Um sich zu rächen, machte sie sich über seine durchsichtigen Hosenträger lustig, die glänzende Glatze, das beginnende Bäuchlein. Er solle sich anständig aufführen, die Hände in den Hosentaschen – der freche Junge wurde bestraft. Beim Hinscheiden eines entfernten Verwandten Enthaltsamkeit für weitere zwei Monate.

Eine betäubte Schabe unter dem Pantoffel, der sie zerquetschen wird.

»Tu das nicht. Ich mag das nicht. Ich habe dir das schon einmal gesagt.«

Nicht einmal zwingen konnte er sie, war schwächer als sie.

»Du machst mir Angst. Du bist ja wie ein Wahnsinniger. Was für eine Manie ...«

Unglücklicher João, wenn ihn eine Grippe erwischte, zwanzig Tage Quarantäne. Der Arme brannte im Fieber; in Reichweite und doch ohnmächtig.

Mitten in der Nacht setzt er sich im Bett aufrecht

und knipst das Licht an: der Spazierstock eines Blinden tastet auf seiner Brust. Zur Hilfe reicht ihm seine Frau die Hand – nur die Hand.

In der verbotensten Stellung genießt er sie am heftigsten. Im Traum heult der Wind vor Wut: er küßt ihren Kimono und erwürgt sie dann mit einem Freudengebrüll.

Er verabredet sich mit einer Blondine – Närrin oder Königin, wenn es nur eine Blondine im roten Kleid ist. In seinem Elend zieht er es vor, sich lieber zu verzehren als Ehebruch zu begehen.

Nacht um Nacht ersinnt Maria eine Verweigerung. Er verführt sie mit Versprechungen und besticht sie mit Geschenken.

»Du schlimmes Dickerchen! Mein Gott, schämst du dich denn gar nicht?«

Beim sanftesten Streicheln läuft sie gleich ins Badezimmer. Wenn sie zurückkommt, blaß, mit einer geheuchelten Träne:

»Siehst du, was du angerichtet hast?«

»Was denn, Liebes?«

»Alles deine Schuld.«

»Was war denn?«

»Ich habe mich übergeben müssen. Du verfolgst mich unausgesetzt ... Das ist eine wahre Manie ... Andauernd küßt du mich. So ein ungehobelter Klotz!«

João bittet tausendmal um Verzeihung, verspricht ihr noch eine Pelzjacke, noch mehr goldene Ohrringe. Maria trocknet ihre Tränen und schläft ein.

Er nicht, den Floh der Schlaflosigkeit in der Seele. Das Auge glüht in der Dunkelheit, bald denkt er an die verlorene Tochter, bald an ein von nackten Schenkeln erhelltes Gebet.

Maria bewegt sich im Schlaf. Sie murrt mit ihrer entzückenden Stimme:

»Nein. Laß mich. Du Schwein!«

Wieder ein Streit mit seiner Frau, João verließ das Haus: »Warum stößt sie mir nicht das Messer ins Herz? Nein, sie ist viel niederträchtiger. Sie ritzt es nur ein klein wenig, gerade genug, daß es blutet. Jeden Tag reißt sie mir ein Stück Haut vom Leibe. Schau mich an, Mörderin! Bei lebendigem Leibe bin ich am ganzen Körper geschunden!«

»Sollte ich einen Hausdrachen geheiratet haben?« befragte er seine Knöpfe. An den ersten Tagen nach der Trennung war alles eitel Wonne: er fand kein Haar im Ausguß, keine Haarspange rollte aus dem Schrank. Höschen und Strümpfe trockneten nicht mehr im Bad. Der ewig tropfende Wasserhahn – sie wußte nicht einmal, die große Schlampe, wie man einen Wasserhahn zudreht. Ihr Kopf voll bunter Haarwickler – enthauptete Meduse seiner letzten Illusionen – im Verein mit herzhaftem Gähnen. Gekränkt entsann er sich seiner Liebesnächte mit ihr, dankte dem Himmel, daß er keine Kinder hatte. João streckte sich mit ausgebreiteten Armen auf dem geräumigen Hotelbett aus.

Jetzt stand keine Falte mehr auf seiner Stirn, und er knirschte nicht mehr mit den Zähnen. Der Segen der Stille, ohne knackendes Toastbrot mit Erdbeergelee und dazu die irritierende, immer einen Ton zu hohe Stimme. Ruhig im Sessel sitzend, hörte João die Eisbläschen im Whiskyglas zerplatzen.

Die Ärmste, sie war allein zu Hause (nicht ganz so allein, in der ersten Woche rief sie gleich ihre Schwester), verloren zwischen den Teppichen, Gardinen,

Pelzjacken – reichen Beutestücken aus unglückseligen Schlachten. Dann verkündigte sie im Freundeskreis:

»João ist ein ganz raffinierter Schuft.«

Den ganzen Sonntag verbrachte er im Pyjama, kratzte sich am Bauch, amüsierte sich über die Kleinanzeigen. Beim Vorbeifahren eines Lastwagens bewegte sich das Wasser in der Flasche auf dem Tisch, zitterte die Glasscheibe im Rahmen. Ein ruhiges Alter, bei dem er in Hemdsärmeln seine Malven am Fenster goß – würde er den Kreuzworträtsel-Wettbewerb gewinnen?

Er tanzte im Nachtclub, das Getränk war vergiftet, die Damen vulgär – noch vulgärer als Maria! – und die Beziehungen enttäuschend. Vom Hotel ins möblierte Appartement, in heitere Behaglichkeit; er war ganz selig über die alte Briefmarkensammlung. Die schwarze Köchin befreite ihn von den zudringlichen Mäulern im Restaurant.

Er traf seine Frau überraschend in einem Laden, und einen Augenblick lang kam sie ihm schlanker vor (endlich hatte sie sich dazu entschlossen, zwei Kilo Popo-Fleisch abzunehmen) und hübscher: wer in Trennung lebt, putzt sich gern heraus.

In jener Nacht hatte er einen erotischen Traum – raten Sie mal von wem? Vor dem Beefsteak mit pommes frites ließ ihn eine Heerschar lüsterner Bilder aufschluchzen.

Das Gedächtnis ließ ihn elend im Stich: der Zuckerrest in der Kaffeetasse, das Flohblut auf dem Pyjama, ein Rest Schuppen auf der Jacke – alles war sie. Sie in den Armen einer anderen vergessen, bedeutete, sie noch stärker in Erinnerung zu rufen.

Lehmiges Wasser des Flüßchens, das, wenn sich der Regen gelegt hat, auf einmal wieder klar und durchsichtig wird mit seinen golden einherziehenden Fischchen, so dachte er ohne Schmerzen an seine verlorene Frau. Er entsann sich der tausend leidenschaftlichen Nächte. Der sieben ersten, in denen er impotent blieb – der Sanftmut und Geduld, mit der sie ihn unterstützte. Warum hatte er sie nicht häufiger in der schamlosesten Stellung besessen? Ihm wurde dabei heiß, er mußte sein Gesicht in kaltes Wasser tauchen.

Die Augen weit aufgerissen in der Nacht – geblendet vom plötzlichen Glanz ihrer Nacktheit. Ein Stöhnen entrang ihm die Vision eines Schönheitsflecks unter ihrem linken Busen. Hob er nicht mit einem kleinen Wutschrei ihren Rock hoch und zerknackte, als er ein Stück Schenkel enthüllte, einen Floh zwischen den Nägeln? Ebenso erregend wie ihr das Kleid auszuziehen war es, ihr die Brille abzunehmen, ohne Brille war sie noch nackter als ohne Kleidung.

Er wählte sich eine Erinnerung aus, zerkleinerte ihre geheime Wonne, und, wenn er nicht so charakterstark gewesen wäre, wäre er dem einsamen Laster erlegen. Im Büro wurde er bei der geringsten Unachtsamkeit von ihrer Gegenwart angefallen: Leb wohl, Bankgeschäftsführer! João zählte die Tropfen am Wasserhahn der Zeit.

Maria bekam eine Leberkolik, und, da er nicht den Mut hatte, sie zu besuchen, schickte er ihr rote Rosen und argentinische Birnen. Als er sich vorstellte, wie sie im riesigen Ehebett saß, die Strickjacke um die Schultern, waren da nicht die Fliegen, die ihm über das Gesicht krochen, Tränen?

Sollte ich einen Engel geheiratet haben? – fragte er sich bestürzt. Auf dem Wege zum Büro blieb er am Schaufenster eines Geschäfts stehen, in dem das Mannequin das gleiche geheuchelte Lächeln zur Schau stellte. Er legte sich die Worte einer amüsanten Episode zurecht, und, als er den Schlüssel in die Tür steckte und den Mund öffnete, um sie zu rufen (lackierte sie sich immer noch die Nägel vor dem Spiegel?) bemerkte er seine vollständige Einsamkeit. Als er ins Badezimmer trat ... o je, wie gut wäre es, wenn dort ein, zwei, drei Spitzenhöschen hingen. Es war Winter und schwieriger, warme Füße zu bekommen.

Zu nächtlicher Stunde umstrich er das Haus, schaute oft zu den Fenstern auf. Eines von ihnen war erleuchtet, zwei Schatten hinter dem Vorhang – betrog sie ihn mit jemand anderem?

Er griff zum Telefon, sie war am Apparat. João konnte kein Wort herausbringen, sein Herz pochte ihm im Munde.

Sie mit langer Hose und dunkler Brille gewahren hieß, das Zeichen des Verrats entdecken; wenn sie sich erst ihr Haar blond färben ließe, gäbe es keine Hoffnung mehr. Am gleichen Nachmittag nahm er die Vermittlung seiner Schwägerin an.

João kehrte nach Hause zurück und wurde für immer unglücklich.

Sie flüchteten aus der Nachtbar, Hand in Hand unter dem Nieselregen. Sie schwang die Arme vor lauter Glück. Das Fenster des Himmels war aufgerissen, eine federleichte weiße Nadel nähte die Luft, im Abflußrohr gurgelte das dunkle Wasser der Gosse. Das Tuch vor den Mund gedrückt, hustete das Mädchen. Er pfiff den vorüberfahrenden Taxis.

»Paß auf mit deinem Husten, meine Liebe.«

In der Apotheke kaufte er Kressensirup und Lakritzepastillen.

»Dank dir auch schön, Liebling. Du bist ein Schatz, Liebling. Nicht wahr, Liebling?«

Unbemerkt vom Taxichauffeur zog sie ihren Schuh aus. Reichte ihm ihr Füßchen. Er faßte es mit zitternder Hand: klitzeklein, niedlich, rundliche Fußnägelchen.

Die letzte Nachtbar. An der Ecke des Tresens biß jeder in seine Hot-dog-Semmel.

»Ich will alles, mein Herzblatt«, und sie war einverstanden, mit gesenkten Augen. »Der schlimmste Unhold der Stadt.«

Sie bestand darauf, daß einer vom Sandwich des anderen abbeißen mußte. Der schreiende Farbfleck des Kleides – dort im Halbschatten der Nachtbar diskretes Lila, hier ekliges Grün. Das Haar nicht mehr schwarz, sondern matt und rötlich. Die Haut aschfarben, von kleinen Falten durchzogen. Nur das Grübchen im Kinn war das gleiche. Violette Samtjacke, damit sie zur weißen Sandale passe.

Er aß ein Sandwich und sie zwei. Auf das Zigarettenetui zeichnete er ein Herz mit Blutstropfen – *Maria in ewiger Liebe* –, unterschrieb mit seinem Spitznamen.

»Danke schön, Liebling«, und sie verwahrte es in dem Fransentäschchen.

Sie liefen über die Straße, und im Schutz der Portale küßte er die Braut seiner Träume: einen Speichelkuß auf den Mund, ein Geschmack nach Senf.

Im Hotel hinter der niedrigen Holzbrüstung, die karierte Decke um die Schultern, tunkte der Portier das Brot in den Kaffee. Draußen die Sintflut des jüngsten Gerichts, sie verloren sich im Labyrinth der Korridore.

Sie betrat das Bad. Er ganz nackt, nur in schwarzen Strümpfen. Er dachte ein wenig nach, zog auch noch die Strümpfe aus. Da erschien sie, eingehüllt in das weiße Handtuch, immer noch auf hohen Absätzen. Sie wollte kein Licht. Sie würde alles tun, nicht wahr, Liebling? Sie würde alles zulassen, nicht wahr, kleiner Liebling? Nur dunkel müßte es sein.

»Im Dunkeln macht es keinen Spaß.«

Ein Furunkel, eine eitrige Wunde, einen eingewachsenen Nagel? Klein von Statur, rundes Popöchen, kleine Dickmadame. Vom Büstenhalter befreit, hängt ein Busen nach jeder Seite. Verunstaltet sie vielleicht eine Knöchelwunde? Laurinho knipste das Licht an, sie machte es wieder aus.

»Laß das sein, Liebling. Nicht doch, Liebling. O je, Liebling.«

Es war schon zu spät. Er streckte sich im Bett aus, sie war an der Reihe. Alles, was sie wußte, waren Küsse auf den Mund. Er forderte eine andere Stellung. Rasch stimmte sie zu: Evoe, alter Genießer! Allzu betrunken, kam er nicht zum krönenden Abschluß. Von Küssen angewidert, vergrub er das Gesicht im Kissen – den Mund, mit dem ich seine Tochter küsse. Erschöpft, schläfrig, fast einschlafend. Verdammt, wie lange er diesmal brauchte. O Gott, und wenn er versagte?

Mit einem Sprung schaltete er das Licht an. Er ging nicht ins Badezimmer, vergaß den Knoten in der Krawatte, band nicht die Schnürsenkel zu.

Schwindel des Entsetzens, als er dem Morgen ins Gesicht sah. Es regnete immer noch. Fürchterlicher Nieselregen, der die Strümpfe der Lebenden durchnäßte und das Gesicht der Toten wusch. Mit lauten Rufen warf er sich einem Taxi in den Weg. Sie schmiegten sich aneinander, bloß sie nicht anschauen!

»Liebling, du warst der erste, der sich um mich gekümmert hat«, sie öffnete das Schächtelchen mit den schwarzen Pastillen, schob ihm eine in den Mund. »Niemand hat mir bis heute Sirup gekauft. Du glaubst es vielleicht nicht. Ich bin ganz verrückt nach dir.«

Im Spiegel sein Gesicht mit den tiefen Augenringen, er, der König der Nacht.

»Wer bezahlt die Pension?«

»Mein Herr und Meister, nicht wahr, Liebling? Will mit mir zusammenleben.«

»Laß deinen Husten behandeln. Steig aus! Steig jetzt aus!«

Sie wollte ihn zum Abschied küssen. Er steckte sich eine Zigarette an.

»Wann sehen wir uns, Liebling? Wann, Liebling?«

Stumm duckte er sich in eine Ecke. Die ganze Zeit

über Hand in Hand, nicht ein einziges Mal schaute er sie an. Er spuckte die Pastille aus. Im Spiegel das Lächeln des Taxifahrers – ein Neger, trotz des Regens glänzte sein Gesicht. Zwei Türen vor seinem Haus solle er halten. Im Lebensmittelgeschäft kauften die ersten Kunden Brot und Milch. Nanu, der Doktor – hätten Sie das gedacht? – so geht er zur Totenwache eines Freundes?

Er versteckte die rote Krawatte, umging die Pfützen im Garten, ein Sperling fiel durchnäßt zu seinen Füßen nieder. Er öffnete verstohlen die Tür, dort tunkte die Hausangestellte das Brot in den Kaffee. Direkt zum Badezimmer, welches Wasser konnte den Unrat von der Seele abwaschen? Im Schlafzimmer die Geräusche seiner Frau, die der Tochter das Babyfläschchen gab. Er warf seine Kleidung in die Ecke, Hunderäude in den Hautfalten, unter den Nägeln, in den Haarwurzeln. Er hustete lustlos – sie hat mir ihren Husten angehext, das Unglücksweib! Erschauernd stellte er sich unter den Wasserstrahl.

Er wartete, bis seine Frau in die Küche gegangen war. Im dunklen Schlafzimmer schlüpfte er unter die Bettdecke: der angenehme Geruch der Vielgeliebten. War er nicht eine lausige Rinnsteinratte? Hübsch warm in der Glut, sich an diejenigen erinnernd, die mit nassen Füßen durch den Regen laufen mußten, schlief er ein.

»Zweimal hat schon dein Büro angerufen«, rüttelte ihn seine Frau.

Er grunzte, stöhnte, seufzte und hatte, obwohl nackt, die Hand in der Tasche.

Sie riß das Fenster sperrangelweit auf:

»Wo hast du dich herumgetrieben?«

Um die Antwort verlegen, möchte er sich am liebsten in ein Mauseloch verkriechen.

»Ich war ganz allein. Halbtot vor Angst. Ein Räuber an der Wohnzimmertürklinke« – und die Stimme schaute ihn an. »Bist du hinter leichten Mädchen hergewesen?«

Immer noch das Gesicht im Kissen:

»Du bist die erste, der so etwas einfällt, meine Liebe. Ich bin glücklich verheiratet. Brauche keine andere. Eine Frau habe ich zu Hause.«

Er erriet ihr spöttisches Lächeln, es glich dem des Negers im Spiegel. Er schielte flüchtig aus den Augenwinkeln: vor dem Fenster beobachtete die junge Frau den endlosen Regen. Die berühmte Rolle der leidenden Witwe, nicht mehr wütend:

»Willst du nicht zur Arbeit gehen?«

In meiner Seele regnet es alle Tage.

»Ich gehe gleich«, und er hustete heimtückisch.

Goldfisch im Wassertank des Waisenhauses, fällt eine Brotkrume, drei Sprünge mit offenem Maul: von hinten herankommen, in den Nacken beißen, sie zwischen die Laken schleifen und besitzen wie nie zuvor. Würde sie beleidigt sein, wütend reagieren, ihm die behaarte Brust zerkratzen, ins Gesicht spucken? Hurra, das wäre die heroische Gelegenheit, sie zu schänden! Sollte die Vielgeliebte nicht bemerkt haben, daß er der schlimmste Unhold der Stadt war?

Er setzte sich im Bett auf, den Fuß auf den eisigen Teppich: fast ging es über seine Kraft, sich zu bücken und die Pantoffeln zu entdecken. Die belegte Zunge paßte nicht in den Mund, der berühmte kalte Schweiß auf der Stirn.

»Du bist unvorsichtig. Du verlierst noch deinen Posten.«

Sie, die sanfte Feindin, hatte nicht die geringste Achtung vor ihm. Sie verhöhnte seine wunde Seele in der Stunde ihres Todeskampfes.

»Sieh nur ... du hast in den neuen Kissenbezug gesabbert.«

Groß die Gefahr und solch ein Schwindelgefühl, solch eine Schwäche:

»Willst du die Wahrheit wissen, meine ...«

Vor lauter Selbstmitleid zerschnitt ein Schluchzen den Satz.

»... Liebe? Ich wollte jetzt Schluß machen.«

Das Trommeln an der Fensterscheibe hält inne.

»Wenn nur nicht mein Husten wäre. Den Kopf in den Gasofen ... Der Hals tut weh ...«

Nach dem die ganze Nacht über währenden Streit verweilt er längere Zeit im Badezimmer. Dort im Spiegel schimpft er sich lausige Ratte, taucht das Gesicht ins kalte Wasser. Ruhiger kehrt er ins Schlafzimmer zurück: seine Seele geronnen von schwarzem Blut. Die Wartezeit hat zu nichts geführt, hellwach blättert sie in ihrer ewigen Illustrierten (sie beweint nicht mehr die verlorene Liebe), das Mündchen vor Hitze halb geöffnet. Er verkriecht sich in eine Ecke; unter dem Fenster zirpt eine Grille die Trübsal der Welt – verfluchte Grille, verfluchte Feindin.

Zwei Henker, dazu verdammt, einer den anderen zu foltern. Alles mißfällt ihm an ihr: der geschminkte Mund, ihre Manie, Wasser zu trinken und einen Rest im Glas zu lassen, ihre Art, das Beefsteak zu zerschneiden. Wie ihr sein langes Haar auf die Nerven geht, sein gewichtiger Schritt, der die Kelche auf der Anrichte schwanken läßt, sein Raucher-Räuspern. Aus Liebe zu ihr hat er sich eine Bronchitis geholt, vor Magenschmerzen gestöhnt, Schwindelanfälle ertragen und – als ob das nicht genügte – drei Furunkel am Hals. Aber heute nicht mehr. Wenn sie von seinem Teller eine pommes frite stibitzt, ist er imstande, ihr in die Hand zu beißen: Ich hasse dich, alte Hexe. Pestkrank, verfault und stinkend sollst du sterben.

Die Hitze kündigt die Glut der Hölle an, sobald sie das Licht löscht, wird ihn die Schnake der Schlaflosigkeit beißen. Sie im Schlaf überraschen, schutzlos seinem mitleidlosen Blick ausgesetzt, der eine Falte am

Mundwinkel, zwei oder drei weiße Haare, ein unterdrücktes Seufzen entdeckt. Er dreht sich langsam um, späht zwischen den Augenlidern hindurch: in der Helligkeit des Lampenschirms gibt das lange Nachthemd das sanfte kühle Fleisch frei. O Bettgenüsse von ach so kurzer Dauer! Von ihnen nimmt er für immer Abschied: nach diesem Austausch unverzeihlicher Worte wird er sie nie mehr anrühren.

Er gewahrt den goldenen Flaum des Arms, die sanfte Rundung des noch immer vor Empörung wallenden Busens, das blonde Haar aufgewühlt von einem kaum gezügelten Sturmwind der Wut. Nie mehr ihre Reize enthüllen, seufzend verfällt er in einen leichten Schlaf.

Ein Alptraum, Liebling? Unglücklich öffnet er die Augen – mein Alptraum bist du, meine Liebe. Sie hat sich über ihn gebeugt (haßt sie ihn auch, wenn er wehrlos im Schlaf liegt?), ihr Lächeln wirkt halb amüsiert, halb liebevoll. Das Wortgefecht hat sie erregt, oder vielleicht das Bild des Galans in der Illustrierten? Hat sie ihn nicht mein Liebling genannt? Groll pocht in seiner Stirnader, und er möchte vor Traurigkeit sterben, zuvor aber sie mit seiner Verachtung umbringen. Eine genüßliche Rache, sie aufzuregen und ihr dann den Rücken zuzudrehen, sie unbefriedigt ihrem Verlangen zu überlassen.

Sie beugt sich über ihn und küßt ihn zärtlich. Alsbald verflüchtigt sich der Groll, er verlangt nur ein wenig Liebe, eine Geste der Verzeihung, ein Wort der Zärtlichkeit. Er erwidert ihre Zärtlichkeit nicht, bleibt unzugänglich, mit geschlossenen Augen. Küsse hin oder her – weiter gibt es nichts mehr zwischen ihnen beiden, und zum Beweis küßt er sie auch. Sie lehnt den Kopf auf das Kissen zurück, ohne die Lippen zu öffnen, zwingt ihn, sie zu begleiten, sich auf den Ellbogen zu stützen, der Schein der Lampe erhellt das von den Jahren gezeichnete geliebte Gesicht.

Bitter schmeckt der Kuß, fast salzig, sie hat zwei flüchtige Tränen geweint: diese Hündin soll es mir büßen. Hingegeben soll sie seufzen, und ich werde ihr meine Verachtung ins Gesicht speien. Uns bleibt der einsame Genuß. Wenn ich sie jemals begehren sollte, werde ich mir, um der Versuchung nicht zu erliegen, zuvor im Badezimmer Erleichterung verschaffen. Im langen nichtssagenden Kuß gleitet seine gleichgültige Hand über ihren geheimnislosen Körper. Passiv, mit geschlossenen Augen, läßt sie sich küssen: harte Zähne verwehren den Mund. Nutzlos die Verstellung, allzu genau kennen sie sich, um einander noch betrügen zu können. Kalt, grollend, jeder in seinen Winkel verkrochen – das Schwert der Langeweile teilt die Laken.

Ganz sacht beißt sie ihn auf die Lippe und kitzelt ihn leicht mit der Zunge. Die Fledermaus der Tollheit im Nacken, schlitzt ihm der Krummsäbel der Raserei den Bauch auf. Er wird sich nicht in die Netze und Maschen seiner süßen Feindin ziehen lassen: für eine so vergängliche Wonne – welches wäre der unerschwingliche Preis? Neue Forderungen, Beleidigungen und Klagen – zirpt die zerstreute Zikade, eine Glasscherbe blinkt in der Sonne. Er entfernt seine Lippen und hängt ihr, in Vorwegnahme seines Rückzugs, einen Rosenkranz von Küssen um den Hals. Den Kopf hebend – jetzt befriedige dich allein, Megäre! – beobachtet er das entflammte Gesicht, verhaßt und doch schön im rosigen Schatten des Lampenschirms: unschuldig an dem Schrecknis, das ihm zugedacht ist.

Ungeduldig, in seinen Pyjama eingeknöpft, beginnt er sie auszuziehen: jedesmal ein neuer, nie zuvor vermuteter Busen. Widerspenstig will sie sich verteidigen, was beide noch mehr erregt. Sie öffnet die Augen, trifft auf die seinigen und schließt sie wieder, bei einem achtlosen Wort bricht der Zauber. Sie umschlingen sich in Wut und Verzweiflung, mehr Haß als Liebe liegt in ihrem Aufbäumen. Sollte sie, die süße Feindin, an den bunten Galan aus der Illustrierten denken? Obwohl zu zweit, genießt jeder für sich: noch wenn er sie besitzt, gleitet sie ihm aus den Armen.

Brutal ist er in sie eingedrungen. Jetzt ist sie ihm ausgeliefert, gedemütigt, ohne daß sie eine Geste der Abwehr wagen würde, Rache für die innere Hölle. Der unterworfenen Sklavin Schluchzer entpressen, bei denen sie, die ewige Kastriererin, tiefe Scham überkommen muß.

Sie verdreht die Augen, gefangene Büßerin. Stammt das Aufheulen von ihr, das die Grille unter dem Fenster zum Schweigen bringt? Schamlos bringt sie sich zum Opfer dar, vergißt ihre Herrlichkeit, winselt skandalös und knirscht wie besessen mit den Zähnen.

Statt seinen Ekel hinauszuschreien, seinen erquickten Haß – o zwerghafter Zaunkönig! – kann er der Leidenschaft oder dem Mitleid nicht widerstehen. Er kann nicht mehr warten, sehnt sich im voraus nach dem ach so vergänglichen Genuß. Auge in Auge, tauschen sie Zunge und Stöhnen, Fluch und Seufzer. Ihrer selbst verlustig vor der langen nutzlosen Erörterung. Sie wird mehr reden als er. Abermals die uralten Klagen, die tausendundein Kümmernisse so vieler friedloser Jahre.

Er heiratete am Samstag und gleich am Dienstag kam er um drei Uhr morgens nach Hause. Die Braut in Tränen aufgelöst, mit Hut und Wäscheköfferchen, alle Fenster hell erleuchtet:

»Ist das vielleicht eine Zeit? Für einen verheirateten Mann? Nach Hause zu kommen?«

Bruder Leichtfuß drehte sich halb um im Tanzschritt des Vagabundensambas:

»Ich bin nicht gekommen, meine Rose. Ich habe mir nur meine Gitarre geholt.«

Zwei Stunden später kam er wieder – das arme Mädchen schlief, das Gesicht tränenfeucht, der Koffer stand vergessen neben dem Bett.

Ein geschmeidiger spitzbübischer Mulatte mit Schnurrbärtchen, das Haar leicht gekräuselt. Vom Polizei-Wachtmeister zum Turnlehrer aufgestiegen: starke Brust, Raufbold, preisgekrönter Vortänzer auf dem berühmten Arbeiterball. Bohemien von Kindesbeinen an, änderte er auch nach der Heirat sein Leben nicht: trug einen roten Krepprock, einen riesigen Schnuller am Lätzchen, die Standarte der Karnevalsgesellschaft »Frau Meisterin, gebt auf den Freßkorb acht!« Ein Streuner, ständig Freundinnen, seine Frau war eine Heldin, vielleicht gar eine Heilige?

Betrunken zog er Schuhe und Strümpfe aus, die Dona Cotinha in Empfang nahm:

»Alles unterwegs verloren, wie? Ein Strumpf ist naß. Dabei regnet es doch gar nicht.«

»Ich schwitze stark an den Füßen.«

»Nur an einem Fuß? Du hast wohl mit einem leichten Mädchen ein Bad genommen, wie?«

Na warte, du Schuft!

»Warum macht sich der Tito nichts aus dir?«

»Keine Ahnung, mein Röschen.«

»Warum wohl?«

»Er hat mich mit seiner Mutter im Bett gesehen.«

Als an jenem Morgen die Brause ununterbrochen lief, wunderte sich seine Frau über die Verspätung. Sie rief um Hilfe, die Tür wurde aufgebrochen – er lag mit dem Gesicht auf den Kacheln, hatte einen Gehirnschlag erlitten. Zehn Tage lag er bewußtlos im Krankenhaus, falls er mit dem Leben davonkam, würde er gelähmt bleiben.

Am zehnten Tag beschloß seine Geliebte in ihrer Verzweiflung, ihn zu besuchen. Sie klopfte an die Haustür, die von der Gattin geöffnet wurde, neben ihr die Töchter:

»Sie gestatten.«

Als sie die magischen Worte: »Sie gestatten!« aussprach, da hörte er es vom Höllengrund.

»Aaahhhhnnn«, heulte er in der schlimmsten Agonie.

Die Sprache verloren und eine Seite seines Körpers hin – dann und wann tröpfelte man ihm einen Wassertropfen auf seine gesprungene Lippe. Mit betrübten Augen deutete er auf die Flasche auf dem Tischchen. Er kam um vor Durst, und in seinem Delirium lief ihm eine eisige Quelle über das Gesicht und durchnäßte sein krauses Brusthaar.

Damit nicht genug, mußte er auch noch die Besuche aushalten:

»Na, wie geht es unserem kleinen Kranken?«

Und die Megäre ganz aufgeblasen vor Wichtigkeit:

»Er hat zwei Löffelchen Brei probiert.«

Sie wischte ihm den kalten Schweiß von der Stirn:

»Er hat hübsch ordentlich Pipi gemacht. Auch das große Geschäft erledigt.«

Hilfsbereit und unerbittlich trocknete sie ihm das Kinn mit einer um den Hals gebundenen Serviette ab:

»Dadá, ich habe dir ja immer gesagt, du mußt dich vorsehen« – gleichgültig gegen den Haßblitz in seinem starren Auge. »Du trinkst zu viel. Du ißt zu viel. Du bist nicht mehr jung. Und hast du es dir etwa zu Herzen genommen? Dauernd schlägst du über die Stränge, Dadá. Eines Tages kann dir etwas zustoßen. Nun siehst du ja, was geschehen ist. Habe ich es nicht gleich gesagt?«

Er hatte einen solchen Horror vor Besuchen, vor der Gevatterin mit den Blümchen, dem gläsernen Papagei, daß er beschloß, nicht aufzugeben. Er lernte sprechen. Er schlug ein Wettrennen im Hof für Paralytiker vor – Preis für den Sieger: ein Paar Krücken mit Gummipfropfen.

Zu Hause trug man ihn an sonnigen Nachmittagen in den Garten und installierte ihn in einem Armsessel – über dem harten Stroh ein demütigendes Plastiktuch. Eine karierte Decke auf den Knien, hielt er mit auf die Brust gesunkenem Kopf ein Nickerchen, einen Schleimfaden, den er nicht abtrocknen konnte, auf dem Kinn.

Begeistert vom Trillern des Zaunkönigs, von einem goldenen Ginsterbüschel, von den Blättchen der

Trauerweide, die in der Brise mit winselnden Stimmen funkelten – grün, grün! Das plötzlich blendende Gefühl, noch am Leben zu sein und, als zartes Nagen, Sehnsucht nach der Geliebten. Zum ersten Mal seit dem Gehirnschlag diese Lebensgier. Er versuchte einen Finger zu bewegen – die ferne Antwort des erlahmten Nervs. Sterben wie ein Mann, nicht wie eine leprakranke Schabe mit Schuppen auf den Augenbrauen. Und den Schatten der Blätter auf dem zitternden Kopf schlummerte er ein.

Auf einmal ein Dröhnen am Himmel, klappernde Wäscheklammern am Draht, ein Windstoß, der die Türen zuschlug:

»Hol die Wäsche herein, Maria, mach das Fenster zu! Hast du Nero an die Leine gelegt?«

Der Sturm brach mit voller Wut los, durchnäßte sein graues Haar, seinen Plüschpyjama, wollte, wer weiß, sogar die schändlichen Milchkaffeeflecken abwaschen. Ruckweise hob er den Kopf, der Regen troff über sein verzerrtes Gesicht. Sein halb geöffnetes Auge blinzelte nie – war er denn ein Ding, das die Familie in der Verwirrung des Einholens der Wäsche und des Schließens der Fenster vergessen hatte?

Minuten später der Schrei seiner von Panik erfaßten Frau:

»Heilige Mutter Gottes! Dadá ist noch draußen!«

Aus der Tiefe der Kehle gurgelte er das glorreiche Schimpfwort.

Einen Monat später konnte er bereits mit schleifenden Füßen auf zwei Stöcken aus dem Haus gehen. Sein erster Besuch galt der Geliebten. Sein zweiter seiner Stammbar.

Er organisierte das Wettrennen der Paralytiker und wurde, wie zu erwarten, Sieger.

Seine letzte Freude, denn kurz darauf starb er, weil er sich an den Kernen der doppelten Zitronen-Batida verschluckt hatte.

Dona Candinha fand im Wohnzimmer den jungen Mann auf dem Samtsofa und ihre Tochter, die ihm ein Glas Süßwein mit zartem Maisgebäck vorsetzte.

»Mütterchen, das ist João.«

Blitzschnell küßte der Bursche mit dem Schnurrbärtchen der Alten die Hand, die sich seiner Liebenswürdigkeit entzog. Der junge Herr schlürfte schon den dritten Kelch, Maria rief ihre Mutter in die Küche, bat sie, ihn für einige Tage aufzunehmen.

»Als Pensionär?«

Nein, als Gast der Familie. Er war der Bruder einer Freundin aus der Kindheit, kannte niemanden in Curitiba, konnte sich keine Pension leisten, bis er eine Anstellung gefunden hatte.

Tage später entdeckte die Alte, daß der Vorzugsgast erstens bereits angestellt (Bürokollege von Maria) und zweitens, obwohl zehn Jahre jünger, der Liebhaber ihrer Tochter war. Diese Lage entmutigte die Alte und kompromittierte das Mädchen. Dona Candinha verhandelte mit ihrer Tochter und danach mit ihrem Verlobten, der die Vereinbarung ganz nach seinem Geschmack fand.

»Ich bin ein einfacher junger Mann, meine Dame. Ein Hühnerbein genügt mir. Spiegelei in Butter.«

Dona Candinha überraschte sie bei Küssen auf dem Sofa. Die Tochter ging mit dem jungen Mann aus, sie kamen nach Mitternacht nach Haus. Um drei Uhr morgens erwachte die Alte von flüchtigen Schritten auf dem Korridor.

»Setz diesen jungen Mann auf die Straße! Oder ich ergreife Maßnahmen.«

»Sei doch nicht närrisch, Mutter!«

Maria war volljährig, konnte nach Hause kommen, wann sie wollte, die alte Frau war hinfällig. Kaum war die Tochter ausgegangen, klopfte Dona Candinha an die Tür des Gastes, der noch im blauen Seidenpyjama mit weißen Pünktchen dastand:

»Junger Mann, Sie stehen auf eigenen Füßen. Sie haben Ihr Auskommen. Sehen Sie zu, daß Sie hier verschwinden.«

Als sie von den Einkäufen zurückkam (Feinkost für den Prinzen mit dem Schnurrbärtchen), beschimpfte die Tochter Dona Candinha schreiend als alte Närrin und besessenen Geizkragen.

»Dieser schäbige Kerl ist keinen roten Heller wert. Du glaubst nicht, wie leid mir der Tag ist, an dem du dich verlobt hast.«

Maria antwortete außer sich:

»Und wie ich erst den Tag bereue, an dem du geheiratet hast.«

Die alte Dame war gekränkt, bekam Herzbeschwerden, Schwindelanfälle, kalte Füße. Sie schleppte sich still ins Bett, deckte sich den Kopf mit dem Laken zu:

»Mach das Licht aus!« stöhnte sie, »ich will sterben.«

Der Schrecken war so groß, daß der junge Mann beschloß, seine Koffer zu packen. Am folgenden Morgen sprang die Alte früh aus dem Bett, wischte vergnügt den Staub von den bunten Porzellanelefanten. Die Tochter aß nichts zu Mittag und sagte, bevor sie die Tür zuschlug:

»João kommt wieder oder ich verlasse das Haus.

Dann trifft dich die Schande.«

Dona Candinha legte ein Gelübde für die Seelen im Fegefeuer ab. So bekümmert war sie, daß sie statt Tag für Tag zu beten die ganze Neun-Tages-Andacht an einem einzigen Tag absolvierte.

»Mädchen, trau keinem jungen Mann mit Goldzahn.«

»Denk dran, Mutter, du hast mich aus dem Hause geschickt.«

»Geh samt deinem Verlobten! Aber dann beklag dich nicht, Undankbare!«

Infolge all dieser Aufregungen wurde Dona Candinha bettlägerig.

»Mach mir nichts vor! Du stellst dich doch nur krank, um mich zu bestrafen. Bei dieser Hitze unter der Decke ...«

»Ich bin sehr schwach. Ich schwitze am Kopf. Die Füße sind ewig kalt.«

Sie war entzückt, wenn das Mädchen ihr Tee mit Toastbrot brachte. Am dritten Tag brach die Tochter ins Zimmer ein, riß das Fenster weit auf. Sie führte einen parfümierten Dicken ins Zimmer:

»Hier kommt dein Arzt.«

Der sie untersuchte und ihr für ihre nervöse Erschöpfung eine Kur im Erholungsheim verschrieb.

»Entweder du gehst im guten«, trumpfte die Tochter auf, »oder du gehst mit Gewalt.«

Sie wollte ins Nonnenkloster und nicht in ein Krankenhaus, das sie zu sehr an den Verstorbenen erinnerte, der dort gelähmt im Rollstuhl gelegen hatte. Ein paar Löffel Hühnerbrühe, dann schlummerte sie genußvoll ein. Um zwei Uhr nachmittags drangen die

Tochter, ihr Verlobter und ein Krankenpfleger mit schmutziger Schürze ins Zimmer.

»Jetzt geht es ab in die Klinik.«

»Ich gehe nur, wenn es kein Irrenhaus ist. Weit weg vom Doktor Hallo!«

Ein Taxi wartete an der Tür, der Verlobte setzte sich neben den Chauffeur, sie saß eingeklemmt zwischen der Tochter und dem Krankenpfleger. Ehe sie sich's versah, landete sie im Asyl »Madonna vom Licht«, ausgesetzt unter lauter Geistesgestörten, Epileptikerinnen, Alkoholsüchtigen. Nie drang Sonne in den Pavillon, die Feuchtigkeit rann an den Wänden hinunter, der Fußboden aus Zement. Nachts das verdammte gelbe Auge ständig leuchtend am fliegenverdreckten Draht.

»Wer sich beschwert«, das war Dr. Hallos System, »bekommt einen Elektroschock verpaßt.«

Beim geringsten Protest, bei der kleinsten Klage:

»Elektroschock, Sie Mimose! Injektion in die Wirbelsäule! Insulin in die Vene!«

Ein einziges Badezimmer, und, nach dem Warten in Reih und Glied, Unrat auf dem Fußboden und an der Wand. Die kleine Närrin half der Aufwartefrau, die ihrerseits die Krankenschwester spielte. Ungenießbar die Bohnen mit Reis, Dona Candinha ernährte sich von Mate-Tee und hartem Zwieback. Mit Mühe brachte sie die Suppe mit dem spärlichen Kohl hinunter.

Zweiundzwanzig Tage später bekam sie den Besuch ihrer Tochter, der Verlobte rauchte an der Tür.

»Du bist wohl in den Hungerstreik getreten?«

»In meinem Hause wurde der Reis verlesen, die Bohnen wurden gewaschen.«

»Du ißt nichts aus Widersetzlichkeit.«

Außerdem die Qual des Durstes. Sie ging zu dem Wasserhahn im Badezimmer, übergab sich dort nicht eine der Verrückten in den Ausguß hinein? Sie füllte ihren Becher, dabei stieß sie auf diesen Greuel. Obwohl der Ausguß ausgewaschen wurde, blieb der Eindruck bei ihr haften und sie litt lieber Durst.

»Ich habe sie nicht alle beieinander«, sagte eine der harmlosen Irren zu ihr. »Hier gehöre ich hin. Aber was machen Sie hier eigentlich?«

Eine Geistesgestörte schenkte ihr Kekse und Obst. Sie schickte ein Briefchen in ihrer eigenwilligen Handschrift ab, ihre Tochter ließ sich erst am nächsten Sonntag blicken.

»Du bist in keinem guten Zustand. Du kämmst dein Haar nicht. Du grüßt Dr. Hallo nicht.«

»Diese Undankbarkeit kann ich nicht ertragen«, sie unterdrückte ihr Schluchzen aus Angst vor dem Elektroschock. »Ich bin nicht verrückt und kann auf mich selbst aufpassen.«

»Beweise das mal!«

»Durch das Grabmal deines Vaters. Es ist schon blau angemalt.«

Zu Hause installiert tat sich der Verlobte an Spiegeleiern in Butter und dicken Hühnerbeinen gütlich.

»Wer nicht ißt«, warnte die Aufwartefrau, »muß zum Elektroschock.«

Dona Candinha nahm ihr Herz in beide Hände und weinte der Schwester Oberin vor, sie bekäme keine Sonne, litte an Rheuma, und wer könne denn bei dem Geschrei der Wahnsinnigen schlafen?

Als sie an der Krankenstube vorbeikamen, rief die Nonne eine der Närrinnen an:

»Sind Sie hier neu?«

»Jawohl, gestern angekommen.«

»Wenn Sie eine Klage haben, reden Sie mit Dona Candinha.« Sie klatschte in die Hände über ihren eigenen Witz. »Sie ist unser Circusclown.«

Die Aufwartefrau stellte Eimer und Wischtuch ab und spritzte, ohne sich die Hände zu waschen, Insulin in die Vene einer Geisteskranken. Dona Candinha tat so, als huste sie und spuckte die im Zahnloch versteckte Pille aus.

Morgens weinte sie, wenn sie an die glückliche Zeit mit ihrem Verewigten zurückdachte. Nachts weinte sie von neuem: einst ein liebevolles Kind, heute ihre wilde Feindin. Es schmerzte sie nicht, daß man sie ins Heim gebracht hatte – schließlich war es ihre Schuld gewesen, weil sie nicht aus dem Bett aufgestanden war. Wohl aber daß das Mädchen wußte, was sie hier durchmachte, und sie nicht abholte.

»Meine eigene Tochter?« murmelte ihre ausgedörrte Zunge. »Hat mir in der größten Not nicht beigestanden?«

Als man sie dabei überraschte, wie sie um das Portal strich, nahm man ihr die Kleidung ab, jetzt mußte sie in einem unsauberen Nachthemd und Plüschpantoffeln einhergehen. Ohne sich in der Sonne zu wärmen, überlebte sie dank einigen Schluck kalten Tees und Butterkeksen. Sie war so schwach, daß sie nicht einmal mehr lesen konnte, die Buchstaben verschwammen ihr selbst mit Brille.

»Schauen Sie sich diese Frau an, Herr Doktor!«, es

war die Tochter, schwarzes Atlaskleid, purpurne Lippen, versilbertes Armband. »Ein sonniger Sonntag, und da liegt ein Mensch im Bett? Den ganzen Tag weint sie und beklagt sich. Hier fehlt ihr doch nichts, was will sie denn noch?«

»Schleich dich«, antwortete die Alte sanft. »Verschwinde aus meinen Augen. Du und der Goldzahn.«

Tagsüber war das Radio in voller Lautstärke angestellt. Nachts das wütende Geschrei der Verrückten. Im Bett sitzend, unterhält sich die Alte damit, ein Stück Himmel zu betrachten. Geduldig zähmt sie eine der großen Fliegen, die sich zum Fressen auf ihrer kitzlig zusammenschauernden Hand niederläßt. Seit drei Tagen ist die Fliege dem alten Frauchen zugetan und flieht nicht mehr zwischen die Gitterstäbe am Fenster.

»Sie haben sich den Schnurrbart abrasiert, João. Sie wirken jugendlicher.«

»In der gleichen Stunde, in der sie mich verlassen hat. Die Liebe ist ein Messer im Herzen. Jeden Tag gräbt es sich tiefer ein, damit es nicht zu bluten aufhört.«

»Ihre Brille ist gesprungen. Sie können ja gar nicht richtig sehen.«

»Wenn man sich daran gewöhnt hat, macht es nicht mehr so viel aus.«

»Maria hat Sie gar nicht verdient. Sie sind zu gut. Und die Kinder?«

»Die Älteste haßt mich. Kaum vorstellbar, daß sie mich einmal Pappi genannt hat.«

»Anfangs ergreifen sie die Partei der Mutter.«

»Als ich sie auf der Straße traf, wandte sie das Gesicht ab: Du bist eine undankbare Tochter! *Keineswegs. Ich betrachte dich nicht mehr als meinen Vater.* Aber deine Mutter ist doch die Schuldige ... Wissen Sie, was sie tat? Sie wollte mit ihren spitzen Nägeln auf mich losgehen.«

»Und das andere Töchterlein?«

»Ebenfalls auf seiten ihrer Mutter.«

»Und der Sohn?«

»Das ist mein größter Feind.«

»Und Sie selber, João, hatten eine so glückliche Kindheit. Und jetzt müssen Sie so Schreckliches durchmachen. Dona Cotinha brauchte das glücklicherweise nicht mehr mitzuerleben.«

»Aber sie erlebt es ja mit ... Alles!«

»Was erlebt sie mit?«

»Sie ist ein starker Geist. Sie sieht alles. Sie spricht mit mir im Schlaf. Wissen Sie, was sie ständig wiederholt?«

»...«

»*Mein Sohn, du tust mir wirklich leid.*«

»O Himmel, was der Mensch alles durchmachen muß!«

»In meinem Bett beißen die roten Ameisen. Ich habe schon alle Gifte ausprobiert. Sogar den Fußboden aufgewaschen. Aber es hat nichts geholfen.«

»Das ist die berühmte Schlaflosigkeit des Witwers.«

»Um drei Uhr morgens erscheint der zahnlose Neger, tritt in mein Schlafzimmer und legt eine Blume auf meine Stirn.«

»Und wenn Sie aufwachen, ist die Blume noch da?«

»Wie haben Sie das erraten? Blumen schickt uns der Himmel, nicht wahr? Meine alte Mutter schickt sie: *Kümmert euch um meinen Jungen, der so allein ist.*«

»Sie müssen sich eine Gefährtin anschaffen.«

»Wer wird mich schon haben wollen?«

»Es gibt so viele Frauen, João. Eine Witwe, eine in Trennung lebende unglückliche Frau, viele hübsche Lehrerinnen.«

»›*Jeden Tag*‹, das sind Marias Worte, ›*wird es schwieriger, dich zu mögen.*‹«

»An Frauen fehlt es doch nicht.«

»Ich habe eine in Aussicht. Eine dreißigjährige Witwe. Maria hat gewettet, ich sei unfähig, allein an eine andere heranzukommen.«

»Sie müssen es ihr zeigen. Sie können sich sogar eine aussuchen.«

»›*Wie hast du nur die rasende Maria in die Knie gezwungen?*‹ – fragte meine alte Mutter vor ihrem Tode. ›Ich habe nicht Maria in die Knie gezwungen‹, gab ich ihr zur Antwort, ›ich bin selber in die Knie gegangen.‹«

»Das gesprungene Brillenglas ersetzen kostet nicht viel. Statt dieser düsteren Krawatte kaufen Sie sich eine mit blauen Pünktchen.«

»Ich habe nie ein Glas Wasser getrunken, ohne ihr die Hälfte abzugeben, und am Ende ist sie mir davongelaufen. Im Bett gehörte die ganze Decke Maria. Besaß ich nicht sogar Nadel und Faden zum Knopfannähen?«

»Ich weiß wohl, daß sie Ihnen etwas vorgespielt hat. Ausgerechnet sie!«

»Sie ist eine raffinierte Zauberin. Ihr Herz haben die Würmer gefressen, sie hat ein Loch in der Brust. Wissen sie, was an dem Tage vorgefallen ist, als sie mich verließ?«

»...«

»Aus lauter Gemeinheit hat sie dem Zwerghühnerpärchen den Hals umgedreht.«

»Und die Hand mit den goldenen Nägeln hat nicht einmal gezittert.«

»... sie hat den Kanarienvogel am Käfigdraht erwürgt.«

»Sagen Sie bloß, João.«

»... und dem Goldfisch die Augen ausgestochen.«

»Vergessen Sie die Undankbare in den Armen einer anderen!«

»Die Witwe ist nicht häßlich. Dreißig Jahre jünger, appetitlich. Habe ich allein keine solche Frau verdient?«

»Genau so müssen Sie reden, João!«

»Ich darf mir nicht selber leid tun, sonst bin ich verloren. Ich glaube, ich habe an der kleinen Witwe Gefallen gefunden. Die Liebe ist ein Zaunkönig im Garten – plötzlich singt er, und dann verändert sich die ganze Landschaft.«

Ein herrlicher Tag, strahlende Sonne, man genießt ihn besser am Strand. Die Schwiegermutter schlug vor, ihre Tochter solle das Steuer übernehmen, er sei zu zerstreut, führe bei Rot über die Kreuzung, biege in Einbahnstraßen.

»Das kommt nicht in Frage«, protestierte João. »In meinem Hause bestimme ich.«

Die Kinder wälzten sich im Sand, die beiden ließen sich im ruhigen grünen Wasser treiben – dein Bauch ist eine Schande, João! – seit sieben Jahren verheiratet, tauchten sie mit geöffneten Augen, um sich unter Wasser zu küssen. Eine Köstlichkeit die Pastete aus Palmschößlingen und das Hühnchen mit geröstetem Maniokmehl, die großen Schlucke eisgekühlten Biers. Sie dösten im Schatten des gelben Autos – ein gedämpftes Knurren im Magen, das Jucken des Salzwassers auf der weißen Haut –, geblendet von dem unermeßlichen, leuchtenden Untier, dessen Schaumzunge über den glühenden Sand leckte.

»Sieh doch, ein Flugzeug«, ein Schreckensruf der jungen Frau, sie wies mit ausgestrecktem Arm nach oben. »Ein Flugzeug ist ins Meer gefallen.«

Das große goldene Flugzeug stürzte brennend in das blaue Schwimmbecken.

»Irrtum, Liebling.«

Ein Traum oder eine Einbildung? Kein Flugzeug zu sehen, eine einfache Möwe. Von der feuchten Hitze oder dem vielen Bier. João klagte über Kopfweh, hatte Eile, wieder nach Hause zu kommen. Die Sonne funkelte auf dem wellenlosen Spiegel, glühte auf dem heißen Sand, strahlte aus der weißen Wolke über dem Asphalt zurück.

Ein Schweißtropfen rann über ihr langes nacktes Bein:

»Laß uns die Abendbrise abwarten«, schnurrte sie katzenhaft und räkelte sich faul.

»Dann wird die Straße zur Hölle mit Tausenden von Autos.«

Die Lederbezüge der Sitze glutheiß, sie kurbelten alle Fenster herunter und brachen auf, nach einem letzten Blick auf das erfrischende Wasser. Schläfrig döste sie vor sich hin, den kleinen Jungen auf dem Schoß, die beiden Mädchen lagen eingerollt auf dem Hintersitz. Dann schlief sie mit dem fiebernden Bübchen in den Armen ein – allzuviel Sonne auf dem Kopf. Drei Uhr nachmittags, der Wagen rollte durch den schwarzen Brand des Asphalts.

Auf der schnurgeraden verlassenen Straße senkte João die Augenlider, Feuerflügel schwirrten am Himmel und, ehe er sich versah, kam seine alte Karre von der Straße ab. Er trat mit solcher Gewalt auf die Bremse, daß die Türen aufgingen und die Mädchen hinausgeschleudert wurden. Er zerquetschte sich nur deshalb nicht die Brust, weil er sich eisern an das Lenkrad klammerte und die Lenkstange, weil der Wagen alt war, zwischen den Pedalen einsank. Die junge Frau fiel, ohne ihren Sohn loszulassen, rücklings auf einen Stein.

Als die Kinder schrieen und blutend umherliefen, wollte Maria aufstehen, um ihnen zu Hilfe zu kommen. Sie betastete ihre Beine – sie waren unversehrt –, fühlte sie aber nicht. Auf dem Boden sitzend, fühlte sie nicht, daß sie saß. Verworrene Stimmen umgaben sie, auf irgendwelchen Armen gelangte sie ins Krankenhaus.

»Ein Trauma«, erklärte der Arzt mit Brille und Maske.

Im Schock hörte sie die Kommentare:

»Die Wirbelsäule ist zerquetscht ... Eine Operation überlebt sie nicht. Invalidin. Für den Rest ihres Lebens ...«

An der Tür rüttelte jemand mit furchterregendem Geheul – es war der Ehemann.

»Ich sterbe ...« – sie wollte sich festklammern und konnte es nicht. »In Flammen ... Ich werde gleich explodieren.«

Das goldene Flugzeug, das in Flammen niederging, war sie, die den Äther einatmete und das Bewußtsein verlor.

Sie starb nicht, sie überlebte die Operation und noch eine weitere, eine dritte und eine vierte, außerdem eine innere Blutung, eine doppelseitige Lungenentzündung, eine Venenentzündung.

Während der ersten Tage umgab sie die Familie, Verwandte kamen von weither, um sie zu besuchen und, als sie am Ende nicht starb und die Monate vergingen, vergaß man sie allmählich in ihrer Ecke neben dem Fenster: eine Gelähmte mehr.

Plötzlich ein Jucken im Fuß – und warum im linken? Fühllos vom Gürtel abwärts – das armselige Streichholzbeinchen der Stoffhexe war früher der mächtige Schenkel der Tennismeisterin – warum also der Juckreiz? Dort im Garten schrieen die Kinder beim

Spielen in der Sonne. Der Gatte, wo mag er eben stekken? Wie lange würde ihn sein Schuldgefühl noch hindern, sich mit einer anderen zu trösten?

Sie bückte sich, um sich an dem verdammten Fuß zu kratzen, und das Wollknäuel rollte auf den Teppich – sie konnte es nicht aufheben. Das Dienstmädchen rufen hieß nur, die verfluchte Spritze früher zu bekommen, dazu zwei Pillen. Besser verbarg sie ihre Tränen, eine Hündin mit verkrüppeltem Bein – sich vom Stuhl gleiten lassen, den Teppich entlangrutschen, die Böschung hinabgleiten, mitten auf die Straße unter die Räder des erstbesten Lastwagens?

Sie beugte sich über die Lehne des verhaßten Stuhls: dank der Wunde am Ellbogen fühlte sie, daß sie *saß* (wenn man sie zu Bett brachte und sie auf der schmerzenden Schulter lastete, wußte sie, daß sie *lag*). Obgleich sie noch immer die gleichen Schmerzen erduldete, nur nachts von den Drogen eingeschläfert, wurde sie von niemandem mehr besucht. Man ließ die Lähmung fortschreiten und tat alles, um sie zu vergessen.

»Es geht ihr gut«, riet der Arzt der Familie. »Sie darf auf keinen Fall verwöhnt werden.«

Sie rollte ihren Stuhl vor den großen ovalen Spiegel: das Gesicht war noch hübsch, die Büste prächtig, und doch war sie keine Frau mehr, nur ein Gegenstand des Mitleids, des Ekels oder ganz einfach lächerlich.

Die zitternde junge Frau im Spiegel gab ihr das Lächeln zurück. Kein Traum und keine Sinnestäuschung: der Strand am sommerlichen Sonntag, auf der Haut das Prickeln des Salzwassers. Auf der Rückfahrt am stillen Nachmittag die verlassene Straße, der Himmel glänzt vor Hitze. Vor Glück ist sie ein goldenes

Flugzeug, das über der Trübsal der Welt schwebt. Erfrischt aufgewacht – mit geschundenem Ellbogen, der klaffenden Schulterwunde – schwört sie sich, nicht noch einmal einzuschlafen. Sie drückt ihren Sohn an sich, während das Auto rascher über die sonnenblitzende Straße rollt.

Als sie ihn mit der kleinen Hausgehilfin im Ehebett überraschte, packte Maria die Koffer und reiste, ohne Abschied, mit der Eisenbahn ab. Tage später erschien der Schwiegersohn zu Verhandlungen.

»Ich tue alles«, versprach João. »Ich weiß nicht, wo ich meinen Kopf hatte. Wenn sie nur zurückkommt.«

Er hatte seine Maria von ihren Eltern entführt, damals war sie vierzehn, er sechzehn. Er hatte als Lastwagenchauffeur, als Magier im Zirkus mit den Pferdchen, als Wachtmeister bei der Polizei gearbeitet – und stets war er die Leidenschaft des jungen Mädchens, der Trost der verheirateten Frau, die Stütze der häßlichen Alten gewesen. Man entdeckte ihn, als er unter das Kleid einer jungen Witwe faßte. Er schlief mit allen Dienstmädchen des Hauses und der Nachbarn.

»Was für eine Narrheit, João! In Ihrem Alter! Und noch dazu im Ehebett. Hat Ihnen denn die Geschichte mit der Frau vom Schlagzeug-Zé nicht gelangt?«

Der Frau von Schlagzeug-Zé hatte er sogar eine Tochter gemacht. Dona Maria verlangte eine Aussprache mit Zé und dem Mädchen – häßlich, mager, schmuddlig. Im Besuchszimmer lehnte sie den Pokal mit Rosé-Wein und das zarte Maisgebäck ab:

»Meine Liebe, Sie sind nicht gesund genug für zwei Männer.«

In seiner Würde als Ehemann gekränkt lauerte Zé ihm am Portal auf.

»Hier ist nicht der rechte Ort und Zeitpunkt«, schnitt João die Diskussion ab.

Sie gingen zur Wachstube, rasteten aber unterwegs im Café, wo er dem anderen Zucker in den Kaffee streute, und in der Kneipe, um das berühmte Maracujá-Mixgetränk auszuprobieren. Während der Wartezeit legte sich, angesichts der freundlichen Behandlung, der Zorn des Musikers. João beschloß die Diskussion, die nicht stattgefunden hatte:

»Unser Pech, Herr Zé, daß wir die gleiche Frau mögen.«

Von da an legte er, wenn er dem anderen begegnete, bedrohlich die Hand an den Revolvergriff.

»Ich werde also die Alte holen«, sagte der Schwiegersohn. »Und Sie reißen sich in Zukunft am Riemen, nicht wahr, João?«

Am andern Tag kam Maria zurück, zu Boden gedrückt vom Gewicht ihrer Koffer, einen in jeder Hand.

Sie war dünn wie ein Zwirnsfaden, er ein Berg von einem Kerl, mit einem wilden Schnauzer. Sie ein Zwerghuhn und er, mehr als jeder andere, ein Sohn des Feuers und der Vater des Donnerwetters. Bei der Heirat der letzten ihrer fünf Töchter sah sie in ihrem langen grünen Kleid wie ein Salatblättchen am Revers ihres Liebhabers aus.

Als Sechzigjährige war sie, verkümmert von häuslicher Mühsal, nur noch ein trauriger Küchenlappen. In Plüschpantoffeln schlurfte sie seufzend vom Herd zum Waschtrog. Wenn die Gevatterinnen Dona Maria bemitleideten – Heldin, Märtyrerin, eine wahre Heilige! –, war auch etwas Neid im Spiel: unter der Dusche, bei offenstehender Tür, stellte João, wenn er seinen Körper einseifte, seine Manneskraft zur Schau – ein alter Seeräuber!

Eifersüchtig horchte sie auf die Intrigen der Fensterguckerinnen und entdeckte das Geheimnis. Eine Heilige, gewiß, aber mit der flammenden Zunge eines Drachens:

»Räuber, Verräter, Canaille. Du bist der schlimmste aller Ehemänner. Schämst du dich nicht, fast siebzig Jahre bist du alt. Mich hast du ins Unglück gestürzt.«

Vergnügungskommissar, Spieler, Säufer. Er ließ seine dicke Schwiele am Zeigefinger bewundern – vom vielen Hochheben von Mädchenröcken. Er verlor alles beim Kartenspiel, so laut er auch Betrug schrie. Seit dem vierzehnten Lebensjahr hatte er, nach Schätzungen seines Schwiegersohns, 30 000 Liter Zuckerrohrschnaps getrunken – zwei Liter pro Tag. Und nie sah ihn jemand schwanken oder lallen.

Jede Woche füllte er die riesige Korbflasche nach.

»Viel Zuckerrohrschnaps verkauft deine Kneipe«, wunderte sich die Dona am Tresen lächelnd.

»Meine Kneipe bin ich.«

Die Wirtin wandte sich erschrocken an ihren Mann:

»Juca, er hat gar keine Kneipe. Es ist alles für ihn selber.«

Seit er im Ruhestand lebte, trank er zu Hause, nie in der Bar. Alle zwei Stunden ein Gläschen Zuckerrohrschnaps mit Zitrone und wenig Zucker. Um zehn Uhr abends ging er zu Bett, ein Glas auf dem stummen Diener. Um zwei Uhr morgens leerte er es. Um sechs Uhr früh machte er sich in der Küche zu schaffen, preßte die Zitronen aus und füllte die zwei Liter ab, die er im Eisschrank aufbewahrte. Er mischte weder mit Bier noch mit Cognac. Wein trank er nur mit Schnaps versetzt.

Geschickt wie er war, verrichtete er Aushilfsarbeiten in der Nachbarschaft (wenn die Ehemänner gerade nicht zu Hause waren). Es ging ihm leicht von der Hand, Hähnchen den Kopf umzudrehen, Radieschen zu säen, ein nacktes Ärmchen zu streicheln – er akzeptierte auch ein Gläschen Eierlikör, falls ihm die Hausfrau Gesellschaft leistete.

Sein Scheuerlappen von Frau plackte sich, wenn sie nicht gerade in der Tiefe des Bettes vergraben lag, mit allen Arbeiten herum – eine Hausgehilfin wollte sie nicht. Nur schreckliche zahnlose Negerinnen, und selbst dann noch blieb sie mißtrauisch. Laune der Natur oder Folge des Trinkens, João hatte den Geruchssinn eingebüßt, er war nicht wählerisch, jagte hinter jeder Schürze her.

Zehn Jahre kränkelte und welkte die arme Maria dahin und wurde zusehends kleiner. Immer ohne Appetit, vom Essen angewidert. Man brachte sie ins Krankenhaus, aber es war nur Schwäche, sie hatte keine Krankheit. Ein paar Tage der Erholung, Vitamine und Stärkungsmittel, dann kehrte sie vergnügt nach Hause zurück.

»Dona Maria stirbt nicht«, scherzte der Arzt, »nur um dich zu ärgern.«

Sie saß im Schaukelstuhl, umgeben von Töchtern, weiblichen Verwandten und Gevatterinnen:

»So bin ich nur dran wegen diesem Unglücksmenschen.«

Mit gesenktem Kopf schwang der Unglücksmensch ruhig den großen Kehrbesen.

»Er hat mir nach dem Leben getrachtet, mich verraten, sogar eine Männerkrankheit hat er mir angehext.«

Das zweite Mal im Krankenhaus verlangte sie, sie müßten nachträglich kirchlich getraut werden. So aufgewühlt war sie nach dem Segen des Paters, daß sie mit einem langen Seufzer in Ohnmacht fiel. Eine ihrer Töchter erschrak, steckte ihr eine angezündete Kerze in die Hand – aber die kleine Alte schlug die Augen auf und blies sie geschwinder als geschwinde wieder aus.

Erholung, Serum, Injektion. Nach leichter Besserung zurück an den heimischen Herd, sie staubte wieder die Sammlung ihrer Porzellanelefanten ab, klopfte sogar ihre Wäsche im Waschtrog.

»Ich sterbe nicht«, vertraute sie ihrer Tochter an. »Den Gefallen tue ich ihm nicht.«

Abgehärmt, ausgezehrt, immer unter der Wirkung von allerlei Heilsäften.

»Nur aus Leidenschaft stirbt sie nicht«, kommentierte ihre Tochter.

Sie atmete dank der Kraft ihrer übermäßigen Liebe.

»Eigentlich dürfte sie gar nicht mehr leben«, bekräftigte Doktor Hallo.

Ohne Stimme, ohne Pulsschlag, ohne Reflexe in der Pupille. Es genügte ihr, zu erfahren, daß dem Alten Blut aus der Nase geschossen war (hoher Blutdruck oder ein wütender Rivale?), dann verdrehte sie vor Genugtuung die Äuglein, die Grimasse eines Lächelns im zahnlosen kleinen Mund. Alles, nur ihn nicht unbeaufsichtigt auf der Welt zurücklassen!

Eingekrümmt im Bett, völlig verfallen, fast schon am Ende trug sie noch einer ihrer Töchter auf, das Dienstmädchen aus dem Hause zu werfen – der große João herrschte nur außerhalb des Hauses. Sie selbst wollte ihm seine Lieblingsgerichte zubereiten – Geflügelmagen, Herz, Hühnerbrustfleisch. Dazu Kressensalat mit ziemlich viel Essig.

Ungeschlacht, wortkarg, verschlagen: sein war die ganze Schuld. Auf den Knien wachste er den Fußboden ein, säuberte den Käfig des Zeisigs, wechselte das Wasser des Goldfischchens, wusch im Waschbecken Taschentuch und Unterhose – unter den Flüchen und Verwünschungen der Sterbenden, die im Schlafzimmer röchelte, die Hand um den Lakenzipfel gekrampft.

Alle zwei Stunden öffnete João den Eisschrank und genehmigte sich ein Glas. In den letzten Jahren der beste Gatte der Welt. Wenn sie ihn beleidigte – immer zu Recht – und ihm sein Hemd zerreissen wollte, lachte er nur leise vor sich hin.

»Du bist der größte Zyniker – lachst auch noch. Schau mich an: bucklig und gelähmt. Du bist ein Ungeheuer.«

João trichterte ihr geduldig ihr Breichen ein. Angewidert, brauchte sie von einem Löffel zum nächsten fünf Minuten, ehe sie den Mund aufmachte. Er delektierte sich an seiner Schüssel mit Brot, das in schnapsgestreckten Wein getunkt war.

»Wie kannst du nur, João? Solch reizende blaue Augen, und solch ein Verstellungskünstler!«

Die Töchter, neben der Mutter stehend, verbargen nicht ihren Stolz auf den großen Lügenbold und Angeber, den unverschämten Helden aus tausend Schlachten – dem die Hand so leicht am Revolver saß, mit dem er den Schlagzeug-Zé erschreckte.

Die Dona starb vor Angst vor dem Sterben. Fünfzig Kilo, auf fünfunddreißig Kilo abgemagert, fast erblindet. Sie verwünschte den armen Mann, bedrohte ihn mit zitterndem Krückstock. Zu guter Letzt kam sie auf die Idee, wenn sie niesen könnte, würde sie nicht sterben. Sie prustete sich aus bis zum letzten Nasentropfen:

»Das tat gut, ich habe geniest. Heute werde ich nicht sterben.«

Leicht erkältet, nieste sie, nieste und nieste ... João bereitete ihr einen Sieben-Blätter-Tee – vom Fenster aus warf er Kußhände und flirtete obszön mit irgend jemand, wer mochte es sein? Dort im Bett hatte seine Frau beim dritten Mal ihren letzten Nieser getan.

Die ersten Tage weinte er viel – die Töchter versteckten ihm sogar den Revolver. Er seufzte ohne Unterlaß – ai, ai. Er, der sich nie etwas aus der Kirche gemacht hatte, ließ sogar drei Messen lesen. Träumte von dem sanften vierzehnjährigen Mädchen. Er klagte über seine Prostata, ein wahnsinniges Verlangen – aber es kamen nur zwei oder drei Tröpfchen. Um sich zu zerstreuen, ließ er sich bewegen, einige Tage im Hause der ältesten Tochter zu verbringen – überraschte sie ihn nicht hinter der Tür dabei, wie er dem kleinen Dienstmädchen Liebesspiele beibrachte?

»Tritt ein, Mädchen. Mit dir hatte ich nicht gerechnet.«

»Meinen Sie, ich hätte nicht wiederkommen sollen?«

»Was für ein heißes Gesichtchen!«

»Von der Hitze.«

»Wie reizend ein heißes Gesichtchen! Ist man sehr hinter dir her?«

Auf dem Gesichtchen schlugen zwei blaue Stieglitze Flügel.

»Eben war es Dr. André. Er gab mir eine Visitenkarte. Ich sollte Kaffee mit ihm trinken, denken Sie nur. In seinem Büro.«

Ein alter Bekannter von mir, dieser karierte Minirock.

»Dein Vulkan ist hier. Willst du ihn nicht wecken?«

Sie wehrte ab, packte kräftig seine Hand.

»Was für eine kalte Hand ...«

»Dein Kuß, hm, schmeckt nach Butterkeksen und Traubengelee.«

»Das letzte Mal hat es mir nicht gefallen. Wie Sie mich da behandelt haben.«

»Zerreiß die Visitenkarte von André.«

»Er widert mich an. Ist so dick und schlaff.«

Er zog den Bauch ein, wölbte die Hühnerbrust vor.

»Entschuldige das weiße Haar.«

»Du bist ein Mann ohne Alter, Doktorchen.«

»Genug geraucht.«

Sie nahm noch einen tiefen Zug, küßte ihn, blies

ihm den Rauch ins Gesicht. Er hob ihre Bluse bis zum strammen Busen hoch.

»Nein. Laß nur, ich ziehe sie aus.«

»Ich will dich nackt sehen.«

Die Bluse über den Kopf, dabei verrutscht immer die Frisur.

»Dreh dich um. Sonst ziehe ich sie nicht aus.«

Ein Kleidungsstück weniger. Die Bluse. Der Rock. Der BH.

»Den Schlüpfer nicht.«

»So etwas Reizendes.«

»Damit er zur Halskette paßt.«

Flüchtiges Gelächter der roten Halskette. Er nur in schwarzen Strümpfen.

»Zieh ihn aus, Liebling!«

Mit dem Rücken zu ihm, ohne ihn anzuschauen.

»Du siehst aus wie ein Junge. Nur stark behaart.«

Ganz nackt, auf hohen Absätzen.

»Ist ein Kettchen auch Wäsche?«

Ohne die drei Busen mit zwei Händen bedecken zu können.

»Das kleine Kreuz, was ist das?«

Ein billiges Kruzifix. Ein Geschenk des Verlobten.

»Ein Schmuckstück.«

Der alte Jesus, wer hätte das gedacht, er drehte ihm fromm das Gesicht zu.

»Deinen Verlobten gibt es gar nicht.«

»Hier auf dem Ring steht sein Name.«

Wenige Wonnen des Lebens: der säuerliche Geschmack der Pitanga auf der Zunge des Kindes, das prämiierte Bild auf den Sammelbonbons, die ein oder andere Erzählung von Tschechow, der Gesang des

Zaunkönigs am frühen Morgen, der Duft der blauen Glyzinien unter dem Fenster, die Ekstase des ersten kleinen Besäufnisses, der nackte Leib eines Mädchens. So erregt war er, daß er nicht wußte, wo zupacken.

»Sieh nur, wie heiß er ist. Faß ihn mal an!«

Sie faßte ihn ohne große Begeisterung an.

»Entspann dich, Liebling. Lockre den steifen Hals!«

»O weh, meine Knochen. Du zerquetschst mich ja. O je, nicht so drücken!«

»Gib mir ein Küßchen! Nur eins.«

»Nein. Nein.«

»Für einen Kuß gebe ich das Doppelte.«

»Denk daran, daß ich eine Zigeunerin bin.«

»Ich auch.«

»Wenn ich ihn dir gebe, willst du mehr.«

»Ich will nicht. Ich schwöre es. Nur einen, Engelchen.«

Er biß mehrfach in ihren goldenen Nackenflaum.

»Jetzt ein Küßchen.«

Sie gab es.

»Noch eins. Noch eins.«

Schon schreiend:

»Nur noch einen. O je, Liebling. Jetzt auf den Teppich.«

Die Augen starrten auf die Wand: Pinien bei Sonnenuntergang.

»Ich schäle diese Zitrone mit den Zähnen. Eins und zwei (auf der kleinen Brust weidend und leckend), welche ist die größte?«

»Sie sind beide gleich.«

»Deine nicht, Engelchen. Bist du frigide?«

»Schuld des Negerkerls. Der hat mich so gemacht. Wie meine Mutter. Immer leicht nervös.«

»Ich will dich anfassen. Und du läßt mich nicht. Ich wette, daß ...«

»Ich habe darüber schon gelesen. Es soll weh tun.«

»Es tut gut, Engelchen. Du hast es nie ausprobiert.
Du machst dir nur etwas vor und das nicht einmal richtig; das kann ich nicht leiden. Ich weiß schon, daß du mit diesem Negerkerl zu tun gehabt hast. Heute mußt du das vergessen.«

Sie mucksmäuschenstill.

»Ich gebe dir das Doppelte.«

»Du gehst scharf ran, Doktorchen.«

»Jetzt setz dich mal! Mach die Beine auf! Hier, Liebling. Hier tut es gut.«

Ohne daß er darum gebeten hätte:

»Oi, das tut gut.«

Die ewige Gebärde, hingesunken, Kopf nach hinten, brennendes Gesichtchen.

»Willst du, Engelchen?«

»Ja.«

»Dann steig auf mich!«

»Wie denn?«

»So. Komm schon!«

»Achtung, es tut weh.«

»Wenn es weh tut, Engelchen, zieh ich ihn raus.«

»Schön langsam.«

»Steck ihn rein!«

»Ich habe Angst.«

»Nur die Spitze!«

Sie steckte nur die Spitze rein: in eine Jungfrau eindringen bedeutet, sich in einen Abgrund aus Rosen verlieren.

»Jetzt leg dich nach unten!«

»Au, mein Arm.«

Der Teppich dünn, sie sehr mager.

»Nur ein bißchen, Liebes. O wie gut das tut!«

Die verrückteste Frau ist diejenige, die nackt in deinen Armen liegt.

»Was ist das für ein Geräusch?«

»Sag, daß es gut ist!«

»Es ist gut«, mit einem Lächeln. »Danke.«

Na warte, Flittchen! Klein sein, heißt eine Dornenkrone tragen. Soll mir das bis ins Grab nachgehen?

»Jetzt im Stehen.«

»Geht das denn?«

»Mach die Beine zu! Beweg dich! Seufze! Schreie!«

»Ich kann nicht.«

»Kannst du nicht tanzen? Dann tanz doch! Ohne dich von der Stelle zu rühren.«

Salve, schönes Hoffnungsbanner, salve, salve!

»Sieh nur, ich zittre. Etwa von ... Es ist so ganz anders.«

Feuchte kleine Stirn, sie verdrehte die Augen, daß das Weiße sichtbar wurde, wogender Schwanenhals, die Zunge rollte im Gaumen.

»Entschuldige, jetzt kratze ich dich mit den Nägeln.«

Im Augenblick selbst spürte sie es nicht einmal, dann kam Blut heraus.

»Was hast du getan, Liebling? O je, Liebling ...«

Gerächt bin ich, ich, der nie mit dem größten Mädchen tanzen konnte. Der kleine Mann, der ständig verliebt ist und von keiner wiedergeliebt wird. Der Zwergspatz, der von allen Zwergspätzinnen verfolgt wird.

»Sieh nur, was du mir angetan hast. Meine Hand, sieh nur, zittert immer noch. O weh, kleiner Liebling.«

Am Himmel glänzte in leuchtenden Strahlen der hallendste Schlachtruf, den je die stillen Ufer des Ipiranga vernahmen.

Schon wieder angezogen, das Zigarettchen angezündet. Er öffnete sein Portemonnaie, drängte ihr zwei Geldscheine auf. Beim Studienabschlußball war er von allen der Kleinste. Bis zum Grab bleibt das nun nicht mehr so.

Sie angezogen, gekämmt, geschminkt.

»Verdiene ich jetzt nicht ein Küßchen?«

Er blieb auf den Zehenspitzen. Mit schiefem Mund, um sich nicht an sie anzulehnen, ein klein wenig angewidert.

»Vorsicht mit dem Lippenstift!«

Sie senkte ihr hübsches Köpfchen, die beiden Stieglitze breiteten ihre Flügel aus:

»Auf Wiedersehen, alter Genießer!«

»Setz dich hierher, Herzchen!«

Das Mädchen klammerte sich noch an seine Schultasche.

»Wie gut, daß du gekommen bist.«

Errötend nahm sie das Glas an. Bevor er noch das Eis hineintun konnte, trank sie zwei Schlucke.

So viele Warteminuten, in denen er sich ihre Reize vorstellte: ein schiefes Zähnchen, lustige Augen, kurzes Haar. O Wonne: eine Impfnarbe auf dem linken Arm. Dann erst ergriff er ihre Hand – die eine warm, die andere kalt.

»Komm, sieh her.«

Im Zimmer umarmte er sie im Stehen:

»So reizend. Ich weiß gar nicht ... Mein Himmel, du hier ... Was für ein allerliebstes Gesichtchen! Ich zittere. Sieh nur!«

Die Stimme des anderen, heiser und leise. Sie riesig erschrocken, weit geöffnete Augen. Unmöglich, sich nicht zu wiederholen:

»Welch ein Glück! Du hier. Diese Äuglein wollen mich verschlingen. Rot will ich dich. O je, o je, hier in meinen Armen.«

Schon beim ersten Kuß ist sie verloren.

»Beiß in meine Zunge.«

Plötzlich eine Ohrfeige, die sie auf das Bett niederwarf – sie kann ruhig kräftig ausfallen, sie hinterläßt keine Spuren.

»Au, was ist denn das?«

Zu spät: sanft ritt er auf ihr, hielt ihre schwachen

Handgelenke fest. Mit der größten Zartheit strich er ihr über das glühende Gesichtchen:

»Wer hätte gedacht ...«

Sie blickte ihn an, voller Angst vor einer weiteren Ohrfeige. Tapsige Hände am karierten Blüschen. Sie wimmerte leise vor sich hin:

»Au, au, ich kann nicht. Ich habe keinen Mut dazu.«

Von einem Zittern geschüttelt:

»O je, Herr, ich verdiene es nicht.«

Er entdeckte den kleinen Nabel. Er deckte ihn schneller als schnell zu.

»Das kann doch nicht sein.«

Er schnaufte und weidete den weißen Schwanenhals ab.

»Du machst mich ganz fertig. Ich bekomme gleich einen Anfall.«

Er grub seine Hände in sie ein, wie eine Fliege, die im Ambrosiakompott ertrinkt:

»Nein, du bringst mich gleich um. Tu das nicht.«

Mit einem Schrei stieß er sie von sich, lief wütend um das Bett herum. Sie bestürzt, regungslos, die Bluse halb hochgeschoben. Ihre weit aufgerissenen grünen Augen zwinkerten nicht.

Er setzte sich auf den Sessel, ein Bild der Untröstlichkeit, den Kopf in den Händen. Trank einige Schlucke, in Nachdenken verloren: übertreibe ich vielleicht? Gleich bekomme ich Brustschmerzen, ich halte diese Tonart nicht durch. Sieh dir nur das Mädchen an, die Ärmste. Genauso wie irgendeine andere, zwei Arme, zwei Beine.

Endlich hängte er das Jackett über den Stuhl. Er

kam verstohlen heran, sie beobachtete ihn wachsam aus den Augenwinkeln.

Abermals ritt er auf der sanften kleinen Stute. Er zerrte an der Bluse, sie hob die Arme hoch. Dann schrie er los:

»Das darf doch nicht wahr sein. Noch nie ... Hat man schon einen so niedlichen kleinen Busen gesehen?«

Er schwankte zwischen dem einen und dem anderen, wußte nicht, welchem den Vorzug geben:

»Wenn ich drücke, kommt Milch heraus? Hier will ich meinen Durst stillen. O zarter, entzückender Maiskuchen!«

Er sprach gedämpft, es war besser, sie hörte es nicht so genau. Er atmete tief durch. Sprang aus dem Bett. Trank einige Schlucke. Steckte sich eine Zigarette an:

»Ich muß mich beruhigen. Du bringst mich sonst um.«

Die zitternde Hand auf der Brust.

»Ganz durchgedreht ist die Uhr ... Das ist mir noch nie passiert.«

Sie lag ganz still, mit hochragenden Brüsten: niedlich, gewiß, weiter nichts. Was hat die ganze Aufregung ausgelöst?

Beweis seiner Tapferkeit, zwei runde feuchte Flekken im Hemd, das er über dem Jackett aufgehängt hat.

»O nein, Erbarmen! So schneeweißes Fleisch hat noch nie jemand zu Gesichte bekommen.«

Er biß auf ihrem goldenen Nackenflaum herum:

»O wer hätte das gedacht? Weiß deine Mutter das, du niedliche Stute? Daß du solch ein Körperchen hast?«

Ganz entsetzt ihre grünen Augen. Ein Wutgebrüll: »Das werde ich deiner Mutter sagen.«

Vor lauter Begeisterung entledigte er sich der Hose. Ungeheuer mit den tausend Masken, welche würde er diesmal aufsetzen? Beichtvater in der Zelle der kleinen Nonne mit den sieben Röcken, Mutter Oberin hört hinter der Tür zu? Kriegsversehrter, dem die Krankenschwester am Halse hängt, während sich der Rollstuhl unentwegt um sich selbst dreht? Verlobter, der auf dem Korridor herumsteht, den Schlüpfer in Streifen reißt, während sich die Eltern im Wohnzimmer den Fernseh-Roman ansehen? Wer weiß, vielleicht der alte entflohene Löwe aus dem Zirkus ... Sie, die Dompteuse mit schwarzen Stiefelchen und Reitpeitsche?

Ins Ohr summte er ihr eine Anzahl zärtlicher Schimpfwörter. Mit ihrer Hilfe zog er ihr die lange Hose aus und die Strümpfe, die zur Bluse paßten. Er bückte sich, um das Füßchen zu küssen ... Und langte nie dort an. Du suchst ein Wort im Wörterbuch, findest statt dessen ein anderes und noch ein anderes und denkst nicht mehr an das erste.

Mit seinem ganzen Gewicht setzte er sich auf sie, die stöhnte:

»Nein ... nein ... Das nicht.«

Hierhin und dorthin küssend und zuschlagend:

»Willst du Schläge haben, du kleine Hündin?«

»Au, au.«

»Was heißt hier au, au? Rein gar nichts.«

Er zerrte sie an den Haaren:

»Du Hurenstück. Du machst mich verrückt.«

Er drehte sie auf den Rücken, sprang auf ihr herum

und schlug mit der flachen Hand auf ihre strammen süßen Sachen.

Abermals hängt er sich an die rosigen Brustspitzen, dreht an ihnen mit verlorenem Blick:

»Wie heißt das Geheimnis des Tresors? Sags mir doch, Engelchen! Wie heißt die Kombination? Ach, erzähl mir doch! Direkt ins Ohr!«

Auf der Nagelspitze der Geheimsender, ohne Vorwarnung dringt er aus dem Äther. Nervös, fast in Panik, wie soll sie antworten? Sie ist eher erschrocken als erregt. Nur vor lauter Schreck gehorchte sie. Aber er fand es nicht gut genug.

»So mag ich es. O je, o je. Ich möchte ...«

Kindeswimmern an der Klosterdurchreiche für elternlose Babys.

»Mehr, Engelchen. Mehr!«

Halb enttäuscht, ein klein wenig angeekelt. Er muß immerzu betteln. Sie verweigert seine Bitten – sie weiß es halt nicht besser, die Ärmste.

»Das ist kein Kuß. Schieb die Zunge durch! So.«

Und er strahlte die Wolkenreise weiter, damit sie es unten hören könnte.

»O je, wie eng du bist. Du hast mich ganz aufgerissen, du Unglücksweib. Ich bin nur noch Fleisch ohne Haut. Ganz abgeschunden. Ich zerfließe in Blut. O weh, ich sterbe.«

Die Zunge schnellte in ihren Gaumen:

»O Himmel, das Mündchen eines zehnjährigen Mädchens. Nie habe ich ein gleiches kennengelernt.«

(Nur bei einer klappte es nicht – bei der hochheiligen Gattin:

»Was ist los? Zehnjähriges Mädchen? Was soll das für ein Mädchen sein?«

Eine mißbilligende Falte in der zusammengekniffenen Stirn:

»Woher weißt du denn so etwas?«

»So habe ich es nicht gemeint, Liebes. Du verstehst mich nicht.«

Schon sitzt sie im Bett aufrecht, um zu diskutieren:

»Wenn du es nicht weißt ...«

Mundhalten heißt die Parole!)

Dem Mädchen, ja, dem machte es Spaß.

»So eng ... O weh, du zerquetschst mich ...«

Er richtete sich halb auf:

»Sieh mal, sieh mal. Wie heiß er ist. Unglaublich. Du gehörst nur mir.«

Noch zwei Watschen:

»Wenn du mich betrügst, hast du gehört? Ich bringe dich um. Gib mir dein himmlisches Mündchen!«

An Schultern und Fersen aufgehängt, flog sie fast davon. So erregt ging es zu, daß er vergaß, den Inhalator gegen Erkältungen, die lösliche Pille, das Zauberpulver aus der Jacke zu nehmen.

»Möchtest du, kleines Hürchen?«

»Ja, ja.«

»Was möchtest du denn?«

Sie kam rasch herbei, ohne zu wissen, worum es ging.

»Willst du alles?«

Er befahl ihr, sie solle ihm kniend, auf dem Boden kriechend, den Halbstiefel ausziehen.

»Jetzt den anderen. Schön langsam. So. Jetzt den Strumpf.«

War das nur Exhibitionslust? Immer besessener zog er sie an den Ohren. Er schlug sie kräftig, gleichgültig gegen ihr Stöhnen – war es nicht ein Stöhnen des Genusses? Er verwechselte sogar die Wörter:

»Steck ihn ... in meine ...«

In diesem Augenblick läutete das Telefon. Er dachte: Das ist meine Frau. Sie hat alles entdeckt. Sie hat alles gehört, die zwergenhafte Zaunkönigin.

Beide hielten den Atem an, ohne einen Laut, ohne eine Bewegung. Nach dem gereizten Läuten zu urteilen ist sie es. Wie hat sie es erfahren? Kaum hörte es auf, schon läutete es wieder. Sie ist so hartnäckig, weil es sich um eine ernsthafte Angelegenheit handelt. Ist mein Vater gestorben? Meine Mutter überfa... Nein, meine Mutter nicht. Ist eine meiner Töchter – o nein, mein Gott! – vom Apfelbaum gefallen?

Er schaute auf das Mädchen, was sah er? Verdrehte Augen, sie schäumte, biß in den Kissenbezug. Nun hört das tolle Kreischen nicht mehr auf:

»Siehst du, wie gut das ist? Das Telefon läutet und läutet. Und ich mache mir nichts daraus. Sieh nur! Wie wunderbar! Sieh nur, sieh!«

»Du weinst ja, Liebling?«

Rann ihm nicht wirklich die eine oder andere Träne salzig über das Kinn?

»Deinetwegen, du kleine Hündin. Und du? Du genießt ja nicht einmal.«

Noch heiß tropften sie auf das leidende Gesicht des Mädchens.

»Ich soll nicht ...? Siehst du denn nicht? Du bist ein Herkules.«

»Ach wirklich? Jetzt zerreiße ich dir den Nabel.«

Der ließ sich nicht aufreißen.

»Du bist Mister Curitiba.«

Gott sei Dank, endlich hatte er seine Lust. War schon geschwächt. Wie ein kleiner Trunkenbold. Und mußte früh nach Hause kommen. Wenn die Tochter vom Apfelbaum gefallen wäre?

Ach, der Vampir hatte den Eckzahn nicht verloren. Der sich tiefer in den Nacken eingrub. O nein doch, Herr. Alles von vorn anfangen? Nur weil sie ihn Mister Curitiba genannt hatte?

»Du große …«

Fertig, der betrunkene Papagei nahm den Hörer ab.

»Ich bin verzweifelt, Zezé. Morgen verläßt mich João. Warum hatte ich bloß Mitleid mit diesem kleinen Mädchen? Warum habe ich sie im Hause aufgenommen? Schwanger im fünften Monat. Alles habe ich besorgt. Ein altes Ehepaar nahm das Kind mit. Und ich Närrin ließ die Mutter im Haus bleiben.«

»Ist sie hübsch?«

»Na und ob, zwanzig Jahre. Ich war blind – verhext –, so habe ich keinen Verdacht geschöpft. Wegen der Geschenke, Schlüpfer und Büstenhalter. Sie war ganz ohne Wäsche, die Ärmste. Sogar ein blaues Sonnenschirmchen hat er ihr gekauft – auffällig schöner als meines. Sie wissen ja, ich und João ... Braucht er eine Frau? Von mir aus kann er sie sich aus der Gosse holen. Will er ein Kind von einer anderen? Er soll es nur machen, ich ziehe es schon groß.«

»Und was war mit dem Mädchen?«

»Eines Nachts entdeckte ich, daß er nicht im Bett war. Zwei Monate später. Ich stand auf und ging in ihr Zimmer. Ich ertappte beide auf frischer Tat. Ganz mäuschenstill. Er auf ihr. Hübsch, was? Diese Sau ... «

»Was haben Sie getan?«

»Einen Augenblick war ich halb wahnsinnig. Ich habe nur immer wiederholt: hübsch, was? Ich habe mir schon ... Weinend bin ich in mein Schlafzimmer zurückgegangen.«

»Sie sind eine Heilige, Dona Maria.«

»Am nächsten Tag ging er zur Arbeit, ich habe das

Mädchen aus dem Hause geworfen. Ich fand, das war denn doch zu viel.«

»Da haben Sie ganz recht getan.«

»Sie vergaß in der Eile einen geblümten Schlüpfer. Den habe ich bis heute aufgehoben. Niemand soll sagen, daß ich ihn gestohlen habe. Sie ist auch Krankenschwester. Jede zweite Nacht habe ich Nachtdienst im Krankenhaus. Wissen Sie, was er sich unterstanden hat? Er bringt das Mädchen in unser Haus. Und sie verbringen die Nacht zusammen.«

»Wie haben Sie das entdeckt?«

»Ich habe es nicht entdeckt. Er hat es mir selbst gesagt. Meine Pantoffeln stehen immer neben dem Bett. Vom Nachtdienst zurück, wo standen sie? In der Küche unter dem Tisch. João, wer hat die Pantoffeln dorthingetan? *Ich habe sie angezogen.* Ich weiß schon, sie passen dir nicht. Ich habe voller Haß gerufen: Achte zumindest mein Bett! Tu was du willst! Auf dem Sofa. Auf dem Fußboden. Nur beschmutze nicht mein Bett! Und benutze nicht meine Pantoffeln!«

»Und da hat er es zugegeben?«

»Er hat ein größeres Haus gemietet. Das Mädchen wurde schwanger. Eine glückliche Familie zu dritt, dann zu viert. In meiner Überraschung ging ich darauf ein. Eine Bedingung: Das Kind ist meines, ich trage es auf meinen Namen ein. Und sie: *Nein, das Kind gehört mir. Das andere haben Sie unglücklich gemacht. Dieses will ich für mich – es ist ein Kind der Liebe.* Wissen Sie, wozu ich imstande bin? Keine Widerworte, du Rabenaas! Ich schieße dich nieder. Ich, die überhaupt nicht reden kann.«

»Und nun?«

»Ich bin vor ihr auf die Knie gefallen: Lassen Sie meinen João in Frieden! Was finden Sie nur an ihm? Er ist häßlich. Alt. Arm. Und die aufgeblasene Pute: *Ich weiß es besser.* Dieses Aas, sie konnte doch auf meinen Vorschlag eingehen. Wenn sie nicht so hochmütig wäre, ist sie vielleicht die Hausfrau? Mit ihren schmutzigen Schuhen latschte sie über den schönen weißen Boden. Hat man schon eine größere Unverschämtheit gesehen? Wir stritten uns, er betrank sich, stellte den Fernseher besonders laut.«

»Und nun?«

»João hat ein Zimmer für sie gemietet. In der gleichen Straße. Und eine Anwältin hat erklärt, daß unsere Ehe getrennt werden kann. Er braucht nur zu beweisen, daß ich nicht voll und ganz seine Frau sein kann.«

». . .«

»Nicht können und nicht wollen sind zweierlei. Habe ich nicht recht?«

»Ganz bestimmt.«

»Ich weiß nicht, wer mir mehr leid tut. Er oder ich. Wenn mein Schwiegervater noch am Leben wäre, wäre das nicht vorgekommen. Er stand auf meiner Seite.«

»Sie sind nicht . . .«

»Ich bin so auf die Welt gekommen. Ich dachte, alle Frauen wären wie ich.«

»Nämlich wie, Dona Maria?«

»Neun Jahre habe ich mit diesem Mann verloren. Schon als kleiner Junge war er lasterhaft – er hat seine Mutter unter die Erde gebracht, weil er so viel trank. Er hat die Porzellanelefanten gestohlen, um sie zu verkaufen. Verschwand, ohne Nachricht zu geben. Schlief in Straßengräben.«

»Wie waren denn die Flitterwochen?«

»Er hat alles versucht. Es klappte nicht. Am Anfang war er rücksichtsvoll. Wir sind am Samstag abgereist, wollten am Mittwoch zurückkommen. Und Sonntagnacht waren wir schon wieder zu Hause. Der Arzt sagte, wenn ich operiert würde, käme ich in Ordnung. Und João war einverstanden.«

»Ach, wenn ich Ihnen erzählte, Dona Maria, was ich ... Wozu ein Mann imstande ist.«

»Nie habe ich so viel gelitten. Er hat mich furchtbar gequält. Ich schrie vor Schmerzen. Er wollte mit aller Gewalt. All die Jahre hat er mir keine Ruhe gelassen.«

»Sie sind eine große Märtyrerin, Dona Maria.«

»Zuckerrohrschnaps trinkt er nicht, er kippt ihn hinunter. Er trank und ich litt. Dann verlangte er alles. Was verboten ist. Ich Ärmste ... Wenn ich dagegen war, schlug er mich. Was konnte ich machen?«

»Haben Sie sich daran gewöhnt?«

»Wie sollte ich das, Mädchen? Noch immer prügelt er mich. Aber ich bin nicht so dumm. Ich versuche zu flüchten.«

»Ich weiß nicht ...«

»Ist es recht, daß ein Ehemann so verfährt?«

»... was ich dazu sagen soll.«

»Mit Gewalt hat er es erreicht. Mehr als einmal. Immer gegen meinen Willen. Neun Jahre Schmerzen und Schreie. Das wünsche ich meiner schlimmsten Feindin nicht. Ich habe mit dem Schwiegervater geredet, er hat den Richter konsultiert. Der hat gemeint, er könnte die Ehe auflösen. Und wer hat nicht gewollt, Zezé?«

»Sie?«

»João. Wenn er einverstanden gewesen wäre, mein Leben wäre anders verlaufen. Ich hätte mich abgefunden, ich war ja jung. Dieser Mann war immer verrückt nach mir. Ich habe ihn aus dem Straßengraben gezogen. Haben Sie den Alten gekannt? Der größte Saufbold der Straße. Und der Sohn war noch schlimmer.«

»Hat er das Laster aufgegeben?«

»Ich mische ihm Drogen ins Essen. Aufgeben kann er es nicht. Sein Gesicht schwillt an und wird dunkelrot. Dann wird er noch erregter. Vielleicht von der Droge? Nach neun Jahren, so vielen Leiden, will er mich ohne weiteres fallen lassen. Ich verstehe ja sein Problem. Jetzt, wo die Operation schiefgegangen ist. Gestern war ich beim Arzt. Er hat gemeint, beim zweiten Mal ist es eine gewagte Sache. Da bin ich schluchzend nach Haus gegangen.«

»Geduld, Dona Maria.«

»Ich verstehe Joãos Nöte. Und habe ihm freie Hand gegeben. Ein anderer Arzt machte mir Hoffnungen. Ein Kind, das weiß ich schon, kann ich nicht bekommen. Ich wäre zufrieden, wenn ich ganz und gar Frau sein könnte.«

»Freie Hand wozu?«

»Da ich schon nicht kann, wie ich sagte. Du hast ein Recht darauf. Nimm dir ein Straßenmädchen.«

»Und hat er Sie in Ruhe gelassen?«

»Kein Gedanke, Mädchen. Noch gestern hat er mich ganz aufgerissen. Es war der Abend, wo wir immer zu Hause bleiben. Mehr Schmerzen und Schreie. Da das Bett abmontiert ist, ging es auf dem roten Wohnzimmersofa vor sich.«

»Hat dieser Mann denn gar kein Mitgefühl?«

»Jetzt verlangt er die Trennung von Tisch und Bett. Mit aller Gewalt. Ist ganz verrückt nach dem Mädchen. Sie wird dich betrügen, habe ich ihn gewarnt. Eine Schande für die Familie. Der Ärmste sieht nicht, daß er vierzig Jahre alt ist und sie zwanzig. Noch dazu im Krankenhaus tätig. Eine hübsche Krankenschwester lassen sich die Ärzte nicht entgehen. Ich weiß Bescheid, Mädchen, ich arbeite ja dort. Die Nacht ist eine Versuchung.«

»Ist sie denn nicht gutartig?«

»Ein Flittchen. Außerdem blond. Er verbringt den Tag außer Haus. Nun wissen Sie Bescheid, nicht wahr? Morgen kommt er mit dem Lastwagen der Firma. Er will mir eine Pension zahlen. Und nimmt alles mit. Den Fernseher, unser Schlafzimmer, die Polstermöbel, die Plastikstühle.«

»Und was läßt er stehen?«

»Den Eisschrank, der gehört mir. Und einen alten Herd. Darf er das?«

»An Ihrer Stelle würde ich die Polizei rufen.«

»Und der Skandal, Zezé? Wenn ich die Polizei rufe, verliert er seine Anstellung. Das Mädchen will ich auch nicht hier haben. Und in die Trennung von Tisch und Bett willige ich nicht ein.«

»Sie sind eine Heldin.«

»Mit der Pension und dem Krankenhausverdienst kaufe ich mir alles allmählich zurück. Er will unbedingt einen Sohn haben. Ich wollte ein Mädchen adoptieren. *Einen Sohn von mir,* hat er gesagt. *Keinen Bastard von irgendjemand anders.* Dann mach doch das Kind, habe ich gesagt. Und ich ziehe es groß. Ich will dich nur nicht verlieren.«

»Mögen Sie denn João?«

»Wenn er betrunken ist, ekelt er mich an. Ich mag ihn, wenn er rücksichtsvoll ist. Ich mag sogar den Geruch seiner Wäsche. Ich habe diesen Mann aus der Gosse geholt. Ich habe ihn nicht für eine andere gerettet. Schade, daß mein Schwiegervater tot ist. Bei ihm hätte er sich das nicht getraut.«

»Sie werden ihm fehlen.«

»Ich weiß nicht. Er ist nicht ganz richtig im Kopf ... Das Mädchen ist ein Schwein. Sie putzt ihm nicht einmal die Schuhe. Bügelt nicht seine Hosen. Wischt nicht den Boden.«

»Und die Trennung von Tisch und Bett wollen Sie nicht hinnehmen?«

»Ich darf es nicht. Was kann er gegen mich anführen? Ich arbeite. Ich kümmre mich um das Haus. Er bekommt immer den Hühnermagen, das Herz, das Brustfleisch. Und das genügt ihm immer noch nicht. Er will zwei Frauen auf einmal. Im gleichen Bett.«

»Eine unerhörte Beleidigung.«

»In seiner Brieftasche steckt ein ärztliches Attest. Bin ich etwa verstümmelt?«

»Na, wenn mir das passieren würde ...«

»Die Nachbarn wissen von dem jungen Mädchen. Ist Ihnen das nicht aufgefallen? Der Arzt, der sich an sie herangemacht hat, hat ihr die Heirat vorgeschlagen. Meinen Sie, sie hätte gewollt? Da sehen Sie, was sie wert ist. Ein richtiges Luder. Und ich Ärmste habe dieses Unglücksweib aufgenommen. Damit sie sich mit meinen Pantoffeln verlustiert. In meinem Bett.«

»Schließen Sie doch die Tür ab! Lassen Sie niemanden herein!«

»*Morgen,* hat er gesagt, *mit dem Lastwagen. Ich lade alles auf.* Er hat schon die Möbel zerlegt. Sogar das Ehebett. Er hat den Ausguß von der Wand gerissen.«

»Ist er gewalttätig?«

»Rasend vor Leidenschaft. In der Vollkraft des Mannesalters. Tausendundeine Nacht läßt er mich nicht in Frieden. Will das, was ich nicht geben kann. *So macht das keinen Spaß,* beklagt er sich. *Es kommt nichts dabei heraus.* Vor neun Jahren habe ich für mich allein gesorgt. Jetzt bin ich alt und verbittert. Von so vielen Schmerzen und Schreien. Ich weiß nicht, was ich tun soll. Ich wollte ihm eine Gefährtin sein.«

»Wenn Sie das nun täten ... Würde das nicht ...«

»Ich hätte nicht? Ich habe alles getan. Was eine Straßendirne sich schämen würde zu tun ...«

»Gott ist groß, Dona Maria.«

»Aber nein. Der Schuft will mehr. Er will alle beide. Im gleichen Bett. Ich bin verzweifelt, Mädchen. Meinen Sie, ich sollte mich darauf einlassen?«

João, wo steckt Ihre Frau?

Dona Biela fand, es sei nun genug. Die sechs Kinder weinend vor Hunger, die Schwiegermutter gelähmt im Bett und der Ehemann seit drei Tagen am Strand bei seinem Vergnügen.

Mit den kleineren Kindern, eines an jeder Hand, suchte sie Dona Marias Ehemann auf.

»Erinnern Sie sich an mich?«

»Ihr Gesicht ist mir nicht unbekannt.«

»Ich bin die Frau des Unteroffiziers André.«

»O ja. Ich kenne ihn gut. Er war Trauzeuge bei meiner Tochter.«

»Wissen Sie, wo Ihre Frau ist?«

»Aber gewiß doch. Bei der Zezé. Am Strand. Sie konsultiert eine Hellseherin.«

»Wissen Sie auch, mit wem sich die Zezé dort aufhält?«

». . .«

»Mit dem Gefreiten Floripes.«

»Das wundert mich. Sie ist doch eine anständige Frau.«

»Ich weiß es genau. Ich habe die beiden im Dunkeln beim Küssen überrascht.«

»Unerhört!«

Sie ließ die Hände ihrer Kinderchen los, damit sie in der Nähe spielen sollten.

»Herr João, Sie sollten einmal ein ernstes Wort mit Ihrer Frau reden.«

»Was soll das heißen, Dona Biela?«

»Sie hat sich mit meinem Unteroffizier eingelassen.«

Der Mann mußte sich auf den Verandastuhl setzen.

»Sie werden hintergangen, Herr João. Sie ist am Strand, aber mit ihrem Geliebten. Mit meinem Mann.«

»Ich kann es nicht fassen. Und die Hellseherin? Die große Madame Zora? Ich bin außer mir.«

»Warum fahren Sie ...«

Dona Biela rief ihre beiden Sprößlinge.

»... nicht selbst dorthin?«

Obwohl er nie an seiner Maria gezweifelt hatte, war es wohl besser, sie abzuholen und dem Gerede ein Ende zu machen, damit es nicht den kleinen Mädchen zu Ohren käme. Warum hatte sie sich wohl die Haare blond gefärbt, obwohl sie doch schon eine ältere Frau war?

An der Straßenecke vereinbarte er den Preis für die Taxifahrt. Er sagte, er wolle sich ein zum Verkauf stehendes Gelände anschauen. Sehr nervös erzählte er dem Chauffeur, er habe in seiner zwanzigjährigen Ehe noch nie Scherereien gehabt. Seine Alte sei am Strand mit ihrer Freundin Zezé. Sie konsultiere die berühmte Besprecherin, Hellseherin und Okkultistin, Madame Zora. Obwohl ihm das nicht angenehm sei, lasse er sie gewähren. Die drei Töchter hätten sich schon über das Ausbleiben ihrer Mutter beklagt.

Um fünf Uhr nachmittags hielten sie am Haus von Zezé, es war verschlossen und niemand daheim.

Er ließ den Chauffeur eine Runde um den Häuserblock drehen. Er betete zu Gott, daß seine Frau allein sein möge. War sie das nicht, die Dicke im geblümten Bikini dort am Strand?

»Sehen Sie nur!« sagte er zum Chauffeur. »Da geht ja meine Chefin.«

Im Bikini, mit der alten Kaiserschnittnarbe. Er lächelte, weil die Anschuldigung der Frau des Unteroffiziers falsch gewesen war.

Der Wagen fuhr hinter ihr her, die sich nach links, nach rechts und nach hinten umschaute. Aus der Strandbaracke traten drei Badegäste, eine Frau und zwei Männer, die Verstecken spielten.

Die Dame war Zezé und einer der Männer der Gefreite Floripes.

Mit Freudengeschrei und ausgelassenem Gelächter fiel jede der Frauen ihrem Mann um den Hals.

Der andere, Schnurrbärtchen, Goldzahn, gelbe Badehose, packte Maria, hob sie hoch, küßte sie wütend auf den Mund.

João sah, wie sich alle vier mitten auf der Straße küßten. Wie wäre es mit einer Tracht Prügel für die Dame und ihren Unteroffizier? Anschließend würde er nach Hause fahren.

Er steckte den Kopf aus dem Fenster:

»Genau das brauchten sie.«

Zezé entfernte sich vom Gefreiten Floripes. Die vier schauten sich nach ihm um, der aus dem Taxi sprang.

»Da ist ja der João.«

Er rief seine Frau. Der Unteroffizier, die Augen vom Trinken gerötet, versetzte ihm einen Faustschlag auf die Brust. João zog seinen Revolver und schoß. Er traf nicht gleich richtig und erhielt noch einen Faustschlag. Der zweite Schuß traf den Unteroffizier, der die Arme ausbreitete und rücklings in eine Blutlache fiel.

Die Frau rief auf den Knien, mit gefalteten Händen: »Was tust du, João? Unsere Töchter ... Sei doch nicht verrückt! Ich habe gar nicht ...«

Sie griff nach dem Revolverlauf, aber zu spät: der Schuß durchschlug ihre Handfläche. Drei Münder spuckten Blut aus dem Gesicht, das, noch im Reden, in den heißen Sand biß.

In der Ferne floh der Gefreite und ließ Zezé los, die laut auf der anderen Straßenseite schrie.

João sprang ins Taxi und ließ den Fahrer umkehren. Dieser meinte ganz bekümmert, jeder anständige Mann würde bei diesem beschämenden Anblick das gleiche getan haben.

Allzuoft schaute er seine Waffe an. An der erstbesten Brücke warf João sie ins Wasser des Flusses.

»Ich habe meine Frau umgebracht. Und ihren Geliebten ebenfalls. Die Zezé hat sie auf Abwege gebracht. Die da mit dem Gefreiten geflüchtet ist.«

Er nahm die Brille ab, um sich zwei Tränen abzutrocknen.

»Jetzt ist mir leichter ums Herz.«

Plötzlich fielen ihm die tausend Blümchen am Straßenrand auf.

»Ich habe ihr alle Freiheit gelassen. Nie hätte ich gedacht, daß sie mich betrügen würde.«

Am stillen Abend der sanfte Gesang des Zaunkönigs.

»Wußten Sie, daß sie Großmutter war?«

Auf dem Sitz zusammengesunken schloß er die Augen, schlief ruhig bis zu seinem Hause.

Aber er ging nicht hinein, sondern klatschte vor Dona Bielas Haustür in die Hände. Es war Nacht, sie erkannte nicht gleich den dicken Herrn im Schatten der Glyzinie.

»Ist der Unteroffizier zu Hause?«

Sobald er sprach, wußte sie schon, wer er war.

»Nein. Er ist noch am Strand.«

»Dann ist er tot.«

Und er kehrte ihr den Rücken zu, bevor Dona Biela zu weinen anfing.

Nachwort des Übersetzers

Curitiba, eine Flugstunde südlich von Brasiliens Wirtschaftsmetropole São Paulo auf einer Hochebene gelegen, ist die Hauptstadt des Bundesstaates Paraná, ein Zentrum der Holz- und Metallindustrie und zählt nach hektischem Wachstum während der letzten Jahrzehnte heute über eine Million Einwohner. Ihr aus Wolkenkratzern und alten Flachbauten gemischtes Erscheinungsbild hat der Stadt den Beinamen »Klein-São Paulo« eingetragen. Curitiba ist eine junge Stadt ohne besondere Sehenswürdigkeiten. Die Stadtgeschichte beginnt erst richtig um die Mitte des vorigen Jahrhunderts mit dem Zustrom europäischer Einwanderer; Deutsche, Italiener, Polen, Russen und Österreicher trugen ihren Gewerbefleiß nach Paraná und hoben den Wohlstand in der ganzen Provinz. Im Stadtmuseum von Curitiba sucht man freilich vergeblich nach einer Dokumentation ihres Beitrags zur Erschließung von Paraná. Dort kennt man keine Einwanderer, man kennt nur Brasilianer: feierliche Gouverneure in reich bestickten Uniformen. In der Stadt Curitiba hingegen behauptet sich noch heute eine wahrhaft ökumenische Fülle von Religionsgemeinschaften, die von den Einwanderern ins Land gebracht worden sind.

Dalton Trevisan, der Autor unserer Erzählungen, ist ein Nachkomme italienischer Einwanderer. Als er im Jahre 1925 geboren wurde – sein Vater war Fabrikant –, gab es in Curitiba noch keine Hochhäuser, aber auch noch keine Elendsviertel. Curitiba war damals eine provinzielle, ruhige Geschäftsstadt, die sich auf ihre Gemütlichkeit viel zugute tat. Desto gereizter reagierte sie, als der junge Trevisan, nach dem Jurastudium an der Bundesuniversität von Paraná als Rechtsanwalt tätig, seine ersten Erzählungen publizierte und darin die ungemütlichen Seiten seiner Vaterstadt aufdeckte. Man hätte sich gern verklärt von Heimatliebe porträtiert gesehen. Das Bild, das Trevisan von Curitiba und Umgebung entwarf – denn auch die kleinen Landstädtchen im Umkreis der Provinzhauptstadt gehörten zu seinem Arbeitsfeld –, wirkte gar zu unvorteilhaft – man sprach von Nestbeschmutzung. In Curitiba gibt es einzelne Literaten, aber kein literarisches Leben; daher vermag man Fiktion und Realität nicht klar zu trennen. So lange schnüffelte man nach den Urbildern für die Gestalten in Trevisans anstößigen Erzählungen, bis es dem Autor zu bunt wurde und er sich entschloß, alle seine Gestalten João (Hans) und Maria zu nennen, um auf diese Weise Identifizierungsversuche zu vereiteln. Autor in Curitiba sein bedeutet, gänzlich auf sich und wenige Freunde gestellt zu sein und einem Brotberuf nachgehen zu müssen, der nur wenige Morgenstunden für die Schriftstellerei abzuzweigen erlaubt – denn Bücherschreiben ernährt in Brasilien seinen Mann nicht; Jorge Amado bildet die einzige Ausnahme. Anerkennung hat Trevisan nur in Rio und São Paulo gefunden, den beiden literarischen Zentren Brasiliens. Dort schätzt man den Autor, der in drei Jahrzehnten nahezu 300 Erzählungen veröffentlicht hat, als Erneuerer der brasilianischen Erzählkunst und stillen, interviewfeindlichen Zeitgenossen.

Trevisan ist ein Meister der kleinen Form. Allen Einflüsterungen, sich doch endlich der großen Form zuzuwenden und einen Roman zu verfassen, hat er hartnäckig widerstanden. Seine Kunst strebt nicht in die Weite, sondern in die Enge. Willi Bolle hat in seinem lesenswerten Trevisan-Aufsatz in dem von W. Eitel edierten Essayband *Lateinamerikanische Literatur der Gegenwart* (1978) die Behauptung vertreten, Trevisan »habe in drei Jahrzehnten eigentlich nur eine einzige Erzählung geschrieben«, zu der die bisher veröffentlichten Ansätze und Entwürfe darstellten. Ich kann diese Ansicht nicht teilen. Mich beeindruckt eher die Vielgestalt dieser Erzählungen, ihre Bandbreite zwischen lyrischem Stimmungsbild, Feuilleton und dramatischem Dialog. Allen gemeinsam ist der Drang zur Kürze, zur lakonischen Prägnanz, der sich von Sammlung zu Sammlung steigert und eine Aussparungstechnik bewirkt, die den Übersetzer gelegentlich dazu zwingt, einige der vom Autor ausgelassenen Verben und Personalpronomina wieder einzufügen, damit der deutschsprachige Leser die Sinnbezüge nicht verfehlt. Trevisans Devise lautet: mit einem Minimum an Wörtern ein Maximum an Wirkung erzielen. Geschult an nordamerikanischen Mustern (nicht an portugiesischen, für die er nur Spott übrig hat), strebt Trevisan auf eine immer radikalere Vereinfachung hin, die gelegentliche poetische Kühnheiten seines Bildgebrauchs nicht ausschließt.

Vergeblich sucht man in diesen Erzählungen nach Landschaften oder Folklore. Auch die für Paraná so kennzeichnenden europäischen Einwanderer treten hier nicht in Erscheinung. Trevisan fesseln ausschließlich die zwischenmenschlichen Beziehungen, und unter ihnen wiederum hat er sich im Laufe der Jahre auf die Darstellung der erotischen spezialisiert. Auf den ersten Blick wirken seine erotischen Geschichten sehr ergötzlich; man könnte den Verfasser für einen faunischen Genießer halten. Aber das täuscht. Da gibt es einerseits den alten Lüstling João, der sich auf die Verführung eben der Schule entwachsener junger Mädchen verlegt hat. Sein Gegenbild ist der impotente Alte, den die eigene Frau schikaniert. Für Trevisan stehen die Beziehungen zwischen Mann und Frau im Zeichen des in Südamerika so verbreiteten »machismo«: der Mann herrscht absolut, die Frau bedient ihn als Sklavin. Wehe, wenn der Mann seine Herrscherrolle nicht angemessen spielt! Dann übernimmt die Frau das Zepter und spielt ihrem schwächlichen Gockel eins auf. Die Geschlechter bekriegen sich, das ist ihr Lebensgesetz. Ihre »Liebe« ist vampirhafte Liebe, die den Partner auszusaugen trachtet. *Der Vampir von Curitiba* heißt eine frühe Sammlung von Trevisans Erzählungen, die dem Autor seinen Spitznamen eingetragen hat. In jedem jungen Mann aus guter Familie, heißt es da, schlummert ein Vampir, der jungen Mädchen das Blut aussaugen möchte. Schlimm genug, daß auch die Damen zu »Vampiressen« werden und die Männer schwächen können, wie die blasphemisch-makabre Erzählung *Passionsnacht* zeigt. Und am allerschlimmsten, daß die so genossene Liebe nur Lust voller Bitterkeit gewährt. Die meisten Geschichten Trevisans handeln von den Irrwegen der Liebe, von durchkreuzter Lust. Kaum irgendwo findet man in Trevisans Geschichten erfülltes Glück. Immer sind

Störenfriede am Werk, wachsame Greisinnen oder respekterheischende Konventionen. Das Scheidungsverbot der katholischen Kirche kettet die Ehepartner an ihre gemeinsame Hölle – die unverheirateten Pärchen lieben sich unter dem Druck der Umstände auf zu engen Sofas, auf Teppichen oder sogar im Stehen. Jungfräulichkeit scheint in der Gesellschaft, die Trevisan schildert, noch hoch im Kurs zu stehen und eine der Voraussetzungen für ein ungetrübtes Eheglück zu sein. Ehebruch der Frau schreit immer noch nach Blutrache an den Schuldigen. Der bloße Verdacht des Ehebruchs kann friedliche Eheherren in potentielle Mörder verwandeln, wie dies die Geschichte von *Penelope* zeigt. Der Ehebruch des Mannes wiederum zieht die Strafaktion der Frau nach sich: gemahlenes Glas in die Bohnensuppe des Unterdrückers und Verräters gemengt stellt die Gerechtigkeit rasch und gefahrlos wieder her.

Man hat Trevisan »puritanische« Angst vor der Fleischeslust nachgesagt, gegenüber dem Nachkommen italienischer Katholiken ein merkwürdiger Vorwurf. Ganz offenbar wirken jedoch in der lateinamerikanischen Gesellschaft sexuelle Tabus nach, die weit hartnäckiger und zählebiger sind als die Tabus, die man den nordamerikanischen Puritanern zugeschrieben hat. Das Fortbestehen solcher Tabus würzt selbst die schlüpfrigsten Trevisan-Geschichten mit einer Prise Schuldbewußtsein. Sie dämpft die Euphorie seiner Genießer.

Trevisans Geschichten spielen überwiegend in der Lebenswelt der Unterschicht – zwischen Proletariat und Kleinbürgertum. Das Interieur dieser Wohnungen wiederholt sich: das Besuchssofa im Wohnzimmer, auf dem Eierlikör und Maismehlgebäck serviert werden, bevor die Tochter des Hauses sich selbst zum Verzehr anbietet, die blauen oder roten Porzellanelefanten, die die Hausfrau in routinierter Ordnungsliebe abstaubt, an den Wänden die unvermeidliche Kopie von Leonardos Abendmahlsbild oder das kitschig wirkende Wahrzeichen Paranás: »Pinien bei Sonnenuntergang«.

Trevisan ist ein Meister des charakteristischen Details: ein Goldzahn kann einen ganzen Menschen entlarven, ein einzig verbliebener Eckzahn die Liebesdämonie einer Vampirdame bezeichnen.

Immer sind Trevisans Gestalten Besessene ohne Entwicklungsmöglichkeit. Sie durchmessen ihr Schicksal, ohne von außen beeinflußt werden zu können: seine Trinker trinken sich zu Tode, seine Liebhaber halten an der einmal Erwählten fest, auch wenn diese sie hundertmal betrügt, seine Ehepaare quälen sich immer von neuem, bis daß der Tod sie scheidet. Der Autor bezieht seine Anregungen aus den Fällen, die dem Anwalt zu Ohren gekommen sind; nicht von ungefähr spielen einige seiner Erzählungen im Anwaltsbüro. Aber er verschmäht auch nicht die Lokalnachrichten der Zeitungen. Kritik an den herrschenden gesellschaftlichen Zuständen findet man bei ihm nur in verdeckter Form, so beispielsweise in der Geschichte. *Eine Kerze für Dario,* in welcher der Sterbende, hilflos auf der Straße liegend, aller Habseligkeiten beraubt wird.

Willi Bolle vertritt die Ansicht, die späteren Erzählungen zeigten mit ihrer ständigen Wiederkehr der gleichen Erzählmaterialien – Sofas, gemahlenes Glas, Eierlikör usw. – eine auf Trevisans Idiosynkrasie hin verengte Realität. »Gegenstand der Texte ist nicht sosehr die äußere, primäre Wirklichkeit als vielmehr die in früheren Texten bereits kodifizierte Wirklichkeit.« Es bleibt zu fragen, ob dieser Eindruck nicht aufgrund der zunehmenden Verdichtung von Trevisans Kunstmitteln entsteht. Ob hier nicht eher das tragische Weltverständnis des Autors haftbar gemacht werden muß, das gelegentlich durch schwarzen Humor aufgehellt werden kann, im Grunde aber von der ersten bis zur letzten Geschichte das gleiche bleibt. Trevisans »sekundärer Realismus«, von dem W. Bolle spricht, scheint mir jedenfalls eher aus der bewußten Verknappung seiner Kunstmittel zu entstehen als aus einer Verengung seines Realitätsbezugs. Man darf auch nicht übersehen, daß die brasilianische Wirklichkeit, die in Trevisans Geschichten aus den letzten dreißig Jahren Eingang gefunden hat, eine weitgehend historische, mit der heutigen nicht unbedingt gleichzusetzende ist. Es geht dem Autor auch gar nicht darum, vollständige Abbilder der brasilianischen Wirklichkeit zu bieten, auch wenn einige der Erzählungen von Lokalnachrichten angeregt wurden. Vielmehr hat er seine eigene tief pessimistische Weltsicht in den Alltagsszenen aus Curitiba und Umgebung bestätigt gefunden. Auch die Wiederkehr seiner erzählerischen Zwangsvorstellungen und der wachsende Hang zur Kürze dienen ihm letzten Endes nur dazu, seine Weltsicht immer schärfer und schroffer herausarbeiten zu können. Und deshalb sind diese Alltagsgeschichten mit ihrer täuschenden Nähe zur Trivialliteratur mehr als ausgeschmückte Anwaltsplaudereien oder feuilletonistisch aufgeputzte Lokalnotizen: in der freiwillig gesuchten Beschränkung der kleinen Form halten sie die allgemein menschlichen, von den brasilianischen Verhältnissen im Grunde unabhängigen Verstrickungen und Verirrungen des Gefühlslebens fest.

Georg Rudolf Lind

Nachweise

Penelope (Penelope), aus: *Novelas nada exemplares*, Curitiba 1959.
Guten Abend, Herr (Boa-noite, senhor), aus: *Novelas nada exemplares*, Curitiba 1959.
Die Suppe (A sopa), aus: *Novelas nada exemplares*, Curitiba 1959.
João Nicolau (João Nicolau), aus: *Novelas nada exemplares*, Curitiba 1959.
Elefantenfriedhof (Cemitério de elefantes), aus: *Cemitério de elefantes*, Curitiba 1964.
Der Spion (O espião), aus: *Cemitério de elefantes*, Curitiba 1964.
Eine Kerze für Dario (Uma vela para Dario), aus: *Cemetério de elefantes*, Curitiba 1964.
Tod auf dem Marktplatz (Morte na praça), aus: *Morte na praça* Curitiba 1964.
Der Vampir von Curitiba (O vampiro de Curitiba), aus: *O vampiro de Curitiba*, Curitiba 1965.
Besuch bei der Lehrerin (Visita à professora), aus: *O vampiro de Curitiba*, Curitiba 1965.
Passionsnacht (A noite de paixão), aus: *O vampiro de Curitiba*, Curitiba 1965.
Aufs Ohrläppchen (Na potinha da orelha), aus: *O vampiro de Curitiba*, Curitiba 1965.
Stimmen des Bildnisses (Vozes de retrato), aus: *Desastres do amor*, Curitiba 1968.
Maria, mit Silber bemalt (Maria pintada de prata), aus: *Desastres do amor*, Curitiba 1968.
Mädchen in Trauerkleidung (Mocinha de luto), aus: *Desastres do amor*, Curitiba 1968.
Mein Herr Gatte (O Senhor meu marido), aus: *A guerra conjugal*, Curitiba 1969.
Siebenunddreißig Nächte der Leidenschaft (Trinta e sete noites de Paixão), aus: *A guerra conjugal*, Curitiba 1969.
Der Enkel des Dicken (A náusea do gordo), aus: *A guerra conjugal*, Curitiba 1969.
Mein Bett ist auch dein Bett (Este leito que é o meu que é o teu), aus: *A guerra conjugal*, Curitiba 1969.

Bei lebendigem Leibe geschunden (O esfolado vivo), aus: *A guerra conjugal*, Curitiba 1969.

Der schlimmste Unhold der Stadt (O maior tarado do cidade), aus: *O rei da terra*, Curitiba 1972.

Die süße Feindin (A doce inimiga), aus: *O rei da terra*, Curitiba 1972.

Letztes Elefantenrennen in Curitiba (Ultimo corrida de touros em Curitiba), aus: *O pássaro de cinca asas*, Curitiba 1974.

Erholungsheim (Clínica de repouso), aus: *O pássaro de cinca asas*, Curitiba 1974.

Das Messer im Herzen (A faca no coração), aus: *A faca no coração*, Curitiba 1975.

Frau in Flammen (Mulher em chamas), aus: *A faca no coração*, Curitiba 1975.

Solch reizende blaue Augen (Olhos azuis mais lindos), aus: *A faca no coração*, Curitiba 1975.

Abgrund aus Rosen (Abismo de rosas), aus: *Abismo de rosas*, Curitiba 1976.

Mister Curitiba (Mister Curitiba), aus: *A trombeta do anjo vingador*, Curitiba 1977.

Schmerzen und Schreie (Dores e gritos), aus: *A trombeta do anjo vingador*, Curitiba 1977.

João, wo steckt Ihre Frau? (João, sua mulher onde está?), aus: *Crimes de paixão*, Curitiba 1978.

edition suhrkamp. Neue Folge.

1
Gertrud Leutenegger: Lebewohl, Gute Reise
Ein dramatisches Poem

2
Hans Georg Bulla: Weitergehen
Gedichte

3
Von nun an: Neue deutsche Erzähler
Herausgegeben von Hans-Ulrich Müller-Schwefe

4
Franz Böni: Hospiz
Erzählung

5
Bodo Kirchhoff: Body-Building
Erzählung, Schauspiel, Essay

6
Thomas Bernhard: Die Billigesser

7
Sinclair: Der Fremde
Erzählung

8
Octavio Paz: Suche nach einer Mitte
Die großen Gedichte. Spanisch und Deutsch

edition suhrkamp. Neue Folge.

9
Tove Ditlevsen: Sucht
Erinnerungen

10
Hoffnung auf Frühling
Moderne chinesische Erzählungen
Band 1: 1919–1949

Hundert Blumen
Moderne chinesische Erzählungen
Band 2: 1949–1979

11
Paul Feyerabend: Erkenntnis für freie Menschen
Revidierte Ausgabe

12
Norbert Elias:
Der bürgerliche Künstler in der höfischen Gesellschaft
Am Beispiel Mozart

13
Stanisław Lem: Dialoge

14
Leo Löwenthal
Ein autobiographisches Gespräch
mit Helmut Dubiel

edition suhrkamp. Neue Folge.

15
William G. Niederland:
Folgen der Verfolgung: Das Überlebenden-Syndrom

16
Politik der inneren Sicherheit
Hrsg.: Erhard Blankenburg

17
Der gerechte Krieg. *Christentum, Islam, Marxismus*

18
Darcy Ribeiro: Unterentwicklung, Kultur, Zivilisation
Essays

19
Uwe Johnson: Begleitumstände
Frankfurter Vorlesungen

20
Walter Benjamin: Moskauer Tagebuch
Vorwort von Gershom Scholem
Hrsg.: Gary Smith

21
Dieter Leisegang: Lauter letzte Worte
Gedichte und farbige Miniaturen

edition suhrkamp. Neue Folge.

22
Renate Rubinstein:
Nichts zu verlieren und dennoch Angst
Vorwort von Norbert Elias

23
Hanna Krall:
Schneller als der liebe Gott
Vorwort von Willy Brandt

24
Roberto Calasso:
Die geheime Geschichte
des Senatspräsidenten
Dr. Daniel Paul Schreber

25
Nicolaus Bornhorn:
America oder Der Frühling der Dinge

26
Winfried Menninghaus:
Paul Celan. Magie der Form

27
Claude Lévi-Strauss: Mythos und Bedeutung

28
Der Neger vom Dienst. *Afrikanische Erzählungen*
Hrsg.: Rüdiger Jestel

edition suhrkamp. Neue Folge.

29
Rainer Malkowski: Das weiße Schloß
Erzählung

30
Roland Barthes: Leçon/Lektion

31
Das kontrollierte Chaos. Die Krise der Abrüstung

32
Die Museen des Wahnsinns und die Zukunft der Psychiatrie
Hrsg.: Manfred M. Wambach

33
Alejo Carpentier: Stegreif und Kunstgriff
Essays

34
Ernst Kris/Otto Kurz: Die Legende vom Künstler
Ein geschichtlicher Versuch

35
Horst Antes: Künstler machen Bücher
Hrsg.: Klaus Gallwitz

36
Wolfgang Glöckler: Künstler machen Bücher
Hrsg.: Klaus Gallwitz

37
Manfred Jendryschik: Die Ebene
Gedichte

38
Christian Meier: Die Ohnmacht
des allmächtigen Dictators Caesar

39
Das Afrika der Afrikaner
Gesellschaft und Kultur Afrikas. Hrsg.: Rüdiger Jestel

40
Aufklärung und literarische Öffentlichkeit
Hrsg.: Christa Bürger, Peter Bürger,
Jochen Schulte-Sasse

41
Dalton Trevisan: Ehekrieg
Erzählungen

42
Theorie der Gefühle. *Hrsg.: Gerd Kahle*

edition suhrkamp. Neue Folge.

43
Hans-Georg Backhaus:
Marx und die marxistische Orthodoxie

44
Versuchungen. *Hrsg.: Hans Peter Duerr*
Aufsätze zur Philosophie Paul Feyerabends

45
Julio Cortázar:
Reise um den Tag in 80 Welten

46
Ernst Bloch: Abschied von der Utopie?

47
Karl Marx:
Enthüllungen zur Geschichte der Diplomatie
im 18. Jahrhundert. *Hrsg.: Karl August Wittfogel*

48
Norbert Elias:
Engagement und Distanzierung